나도 일 잘할 수 있다

기토 마사토 지음 | 조해선 옮김

유능한 직장인의 50가지 성공 매뉴얼

리브레토

"SHIGOTO HAYAINE!" TO IWASERU KOTSU 50
Copyright ⓒ KITO MASATO 2019
All rights reserved.
First original Japanese edition published by DAIWA SHOBO Co., Ltd.
Korean translation rights arranged with DAIWA SHOBO Co., Ltd.
through CREEK&RIVER Co., Ltd. and Eric Yang Agency, Inc.

Korean translation Copyright © 2020 SUNGSHIN MEDIA Inc.

이 책의 한국어판 저작권은 Eric Yang Agency를 통해 저작권사와 독점 계약한 (주)성신미디어에 있습니다. 저작권법에 의해 한국 내에서 보호를 받는 저작물이므로 무단전재와 복제를 금합니다.

나도 일 잘할 수 있다

유능한 직장인의 50가지 성공 매뉴얼

시작하는 글

자네, 일을 빠르고 정확하게 잘하는군!

상사나 거래처 직원에게 이런 말을 듣는 자신의 모습을 상상해보자. 기쁘지 않은가? 상대방 역시 기쁘기는 마찬가지다.

"이렇게 빨리하다니 의욕이 대단하군!"
" 벌써 처리해 주어서 나도 여유롭게 마무리할 수 있겠어! 덕분에 한시름 놓았네."

이 말에는 놀람, 감동, 감사의 마음이 담겨 있다. 맡은 일을 마감일에 맞춰 제출하는 것은 당연한 일이다. 사회인으로서 한발 앞서가려면 주위 사람들에게 이런 인상을 남겨야 한다.

'이 사람은 일 처리가 빠르군. 게다가 완성도도 높아!'

'일 처리가 빠른 능력자'라는 평가가 자리 잡으면 더 중요한 일을 맡을 수 있기 때문이다.

나에게는 '변호사'와 'IT 기업 경영자'라는 두 가지 경력이 있다.

단 하나의 실수조차 용납하지 않는 정확성을 중시하는 변호사, 일분일초를 중시하는 IT 기업 경영가. 이러한 경험의 과정에서 빠르고 완성도 높게 일하는 방법을 익혀 왔다. 그리고 그렇게 익힌 업무 기술의 핵심을 책으로 엮었다.

이 책은 당장 내일부터 활용할 수 있는 '실용성 100%를 보장하는 업무 기술 모음집'이다.

- 상사나 선임에게 "부탁한 일은 어떻게 됐어?"라는 말을 자주 듣는다.
- 생각이 지나치게 많아서 좀처럼 일에 진척이 없다.
- 일을 일찍 마무리하고 자격증 시험공부나 나 자신을 위한 시간을 마련하고 싶다.

이와 같은 고민을 하는 사람이라면 이 책을 펼쳐 실천에 옮기자.
머지않아 "일을 잘하는군!"이라는 말을 듣게 될 것이다.

시작하는 글 ·· 4

1

어째서 일 처리가 느릴까?

01 속도와 정확성 사이의 균형을 조절하자 ············ 12
02 마감일은 제출일이 아니다 ······························ 16
03 상사의 생각을 앞지르자 ································· 20
04 지나친 확신은 문제를 야기한다 ······················· 24
05 피드백은 빨리 받을수록 좋다 ·························· 28
06 자신의 능력을 과대평가하지 말자 ···················· 32
07 말 꺼내기 어려운 사안부터 보고하자 ··············· 36
08 미룰수록 위험해진다 ····································· 40
09 몰입 상태를 이용하자 ···································· 44
10 일에서 즐거움을 찾자 ···································· 47

일 잘하는 사람의 사고법

11	의욕은 저절로 생기지 않는다 ················ 52
12	시작이 반이다 ································ 56
13	출발 신호가 울리기 전에 달려 나가라 ········ 60
14	할 일이 쌓였을 때는 바쁜 티를 내자 ········ 64
15	일 처리 속도는 눈치에 달렸다 ················ 68
16	실패를 성장의 기회로 삼자 ···················· 72
17	사내에서 제일가는 잡무의 달인이 되자 ······ 76
18	일을 게임화하자 ······························ 80
19	돈 아끼지 말고 로봇 청소기를 사자 ·········· 84
20	큰일은 작은 일로 분해하라 ···················· 88

일 잘하는 사람의 시간 절약법

21 식사 자리 후의 감사 인사는 귀갓길에 전한다 … 93
22 이메일 답장은 최대한 빨리 보내라 ……………… 97
23 이메일을 주고받는 횟수를 줄이자 ……………… 101
24 일 잘하는 사람은 이메일을 두 줄만 쓴다 ……… 105
25 이메일의 80%는 '복붙'으로 해결하자 ………… 109
26 책이나 자료를 전부 읽을 필요는 없다 ………… 113
27 세 가지로 나눠서 생각하라 ……………………… 117
28 1차 회식에서 총대를 메고 2차는 빠지자 ……… 121
29 때로는 아날로그가 통한다 ……………………… 125
30 완벽주의는 미덕이 아니다 ……………………… 129

4 일 잘하는 사람의 행동법

31	나만의 '집중 아이템'을 만들자	134
32	상대를 탓하지 말고 적극적으로 움직여라	138
33	일 떠넘기는 상사를 다루는 법	142
34	시시콜콜 간섭하는 상사에게 대응하는 법	145
35	자신을 궁지로 몰아넣어라	149
36	제출 기한은 스스로 정하자	153
37	상사를 능숙하게 다루어라	157
38	악마의 접속사, "그런데"	161
39	불타는 욕망을 에너지의 원천으로	165
40	집중력은 단련할 수 있다	169

일 잘하는 사람의 생활 습관

41	머리가 가장 맑은 시간이 언제인지 알아두자 …	174
42	일하기에 가장 좋은 황금시간, 아침 ……………	178
43	점심을 같이 먹는 무리에서 빠져나오자 ………	182
44	일하다 막히면 몸을 움직여라 …………………	186
45	어중간한 부분에서 마무리하자 …………………	190
46	자야 할 시간까지 버티면서 일하지 말자 ………	194
47	책상 위가 어수선할수록 실수가 잦다 …………	197
48	일 처리가 빠른 캐릭터를 연기하자 ……………	200
49	습관적인 야근 무리에서 벗어나자 ……………	204
50	집중을 방해하는 최대의 적, 스마트폰 ………	208

| 요약정리 ………………………………… | 214 |
| 마치는 글 ………………………………… | 224 |

제1장

어째서 일 처리가 느릴까?

01

속도와 정확성 사이의 균형을 조절하자

오늘날에는 무슨 일을 하든 대부분 빠른 속도를 요구한다. 예전에는 '작게 시작해서 크게 키운다' 같은 사고방식이 통했기에 서서히 입소문이 퍼지고 신용을 쌓으면 사업을 번창시킬 수 있었다.

그런데 오늘날에는 정보가 순식간에 세상으로 퍼져나간다. 우물쭈물하고 있으면 누군가에게 참신한 아이디어를 모방당해 결국 눈 깜짝할 사이에 자신의 몫을 빼앗기고 만다. 말단 직원이라도 상황은 다르지 않다. 말단 직원이 주어진 작업을 빨리 마무리하면 상사는 해당 자료를 꼼꼼히 살피고 판단하는 데 시간을 쏟을 수 있다. 그뿐 아니라 일 하나를 빨리 마무리하면 그만큼 일찍 다음 일을 시작할 수 있다. 일을 척척 해내면 같이 일하기 편하고 도움이 되는 사람으로 인식되므로 계속해서 중요한 일이 들어온다. 일은 할수록 경험치가 쌓이므로 별생각 없이 넋 놓고 일하는 사람과의 차이는 점점 벌어진다.

문제는 속도와 정확성 사이의 균형이다.

빠르고 정확하다면 더할 나위가 없겠지만, '두 마리 토끼를 잡으려다 한 마리도 잡지 못한다'라는 속담도 있지 않은가. 그렇다면 둘 중 무엇을 더 중시해야 할까? 대부분 직장에서는 빠른 속도에 더 많은 가치를 부여한다.

하지만 업종에 따라서는 빠른 속도보다 정확성을 더 중시하기도 한다. 일례로 변호사를 들 수 있다. 나는 법과대학원 재학 중 사법 시험에 합격했고 졸업 후 바로 법률 사무소에 들어갔다. 그렇기에 사회인으로서 갖춰야 할 모든 소양을 법조계에서 배웠다.

법조계에서는 법령 및 법조문, 판례, 증거가 절대적이다. 예를 들어 "△△법 제○조 ○항 ○호에 이렇게 적혀 있습니다"라거나 "이와 관련해 ○○○○년 △△ 사건에 대해 대법원은 □□라고 판결했습니다."라고 말할 수 있는 구체적인 자료가 필요하다.

법령과 법조문을 하나부터 열까지 자세히 조사해서 단 하나의 모순이나 1㎜의 누락도 없는 완벽한 서류를 만들어 재판에 임해야 한다. 99%가 완벽해도 1%의 누락이 생기면 그동안의 고생은 모두 수포로 돌아가고 만다. 그렇기에 변호사는 기한을 충분히 확보하고 정확성을 가장 우선해서 일을 진행한다. 재판이 하염없이 길어지는 까닭은 이러한 사정 때문이기도 하다.

의료업, 제약업, 교통·운송업과 같이 사람의 안전을 담보로 하는 업종에서도 대체로 속도보다는 정확성이나 완성도를 중시한다. 다만 이런 업종이라도 조직 단위로 움직이는 이상, 빠른 일 처리 능력이 요구되는 상황은 생기게 마련이다. 어찌 되었든 세월아 네월아 해서 좋을 리가 없다.

일 처리가 서툰 사람은 속도와 정확성 사이에서 제대로 균형을 잡지 못한다. 그래서 '빠르게 해치워야 할 일'에 불필요하게 시간을 쏟는 바람에 정작 '중요한 일'을 처리할 때는 시간에 쫓기고 만다.

나에게 주어진 일이 회사 전체에서는 어떤 의미를 가질까? 속도와 정확성 사이의 균형은 어떻게 조절해야 할까? 일을 할 때는 반드시 이 두 가지를 먼저 고민해보자.

02

마감일은 제출일이 아니다

나는 변호사가 되고 나서 3년 뒤에 일본 산업혁신기구(현 산업혁신 투자기구)로 전직했다. 정부와 민간이 공동 출자한 자금으로 기업에 투자해 성장을 돕고 문제가 발생하면 사업 방향을 수정해 경영을 재정비하는, 이른바 관민 펀드와 연관된 일을 맡았다.

이곳에서는 투자 안건이 도마 위에 올라오면 기업의 자산 상황이나 사업 내용을 면밀히 조사해 투자할지 말지를 판단한다. 해외 펀드 같은 경쟁 펀드가 존재하므로 이 일은 속도가 승패를 좌우하는데, 자칫 결단을 그르치면 수천만에서 수억 엔의 손실이 발생하기 때문에 금전적 부담도 적지 않은 일이다.

산업혁신기구에는 다양한 업계에서 온 인재가 모여 있었는데, 출신이 다양해서인지 일을 진행하고 처리하는 방식도 각양각색이었다. 대기업에서 일하다 온 사람은 사전 협의를 거쳐 일을 진행했다. 그들은 상사에게 "이렇게 하면 될까요?"라며 하나하나 확인받고 나서 최종 결정을 내려달라고 청한다. 대기업은 의사 결정 시스템이 엄격하기 때문에 이런 방식으로 진행하지 않으면 윗선의 한마디에 그동안 쌓아온 것이 한순간에 뒤집혀 버릴 수 있기 때문이다.

한편 벤처기업에서 근무했던 사람은 대기업 출신과는 정반대였다. 그들은 스스로 알아서 일을 진행한 다음 상사에게는 뒤늦게 "이렇게 결정했습니다.", "이 내용으로 진행했습니다."라고 보고한다. 벤처기업은 대부분 소수 정예가 꾸려가므로 각자 자신의 권한 범위 내에서 적극적으로 결단을 내려 어떻게든 일을 진행하는 것이 중요하기 때문이다.

이는 어느 쪽이 더 낫다고 따질 문제가 아니다. **중요한 것은 각자가 처한 직장 환경에 따라 가장 효율적인 일 처리 방식이 다르다는 점이다.**

정해진 기한에 딱 맞춰서 내면 늦다

나는 변호사로서 그동안 속도보다는 정확성을 우선해서 일했기에 전직한 초기에는 적응하느라 고생했다. 어느 날 자료를 만들라는 지시를 받은 후 정해진 기한까지 완벽하게 마무리하려고 퇴고를 거듭하던 중 상사에게 한소리를 들었다.

"그만큼 완성했으면 빨리 줘야지! 오탈자? 계약서가 아니니까 그런 건 중요하지 않아. 도대체 언제 제출하려고 했던 거야? 정해진 날짜에 딱 맞춰서 내면 늦어!"

언제까지 하라고 마감일을 정해줬으면서 그전에 제출하지 않았다고 혼을 내니 당황스러울 수밖에 없었다. 하지만 일의 목적을 고려하면 그럴 만하다는 데에 생각이 미쳤다.

상사가 할 일은 판단해서 결정을 내리는 것이고 부하가 할 일은 그 판단의 재료를 모으는 것이다. 상사는 판단과 결정의 근거를 윗선에 보고해야 하므로 최종적으로는 정리된 자료가 필요하다. 따라서 판단에 참고할 재료는 조금이라도 빨리 볼수록 도움이 된다.

시킨 일만 잘하면 된다는 사고방식을 갖고 있으면 자신이 왜 혼났는지 좀처럼 깨닫기 어렵다. 자신이 맡은 업무가 무엇을 위한 것인지 항상 의식하면서 일하자.

03

상사의 생각을 앞지르자

일은 '작업'과 '판단'으로 나눌 수 있다. 조직에서는 직급이 올라갈수록 작업의 비율이 줄고 판단의 기회가 는다. 경영자가 되면 해야 할 일은 거의 판단뿐이다.

반대의 시각에서 보면, 부하가 해야 할 일은 '상사의 판단을 돕는 것'이다. 부하는 상사가 충분히 시간을 들여 판단할 수 있도록 작업을 부담하고, 올바른 판단을 내릴 수 있도록 근거가 될 만한 정보를 모아 정리하고, 더 중요한 판단에 힘을 쏟을 수 있도록 가벼운 일은 스스로 처리해야 한다.

사업이 잘 풀리고 성장하는 기업에서는 경영 판단이 올바르고 신속하게 이루어진다. 이는 곧 부하가 상사의 판단을 잘 돕고 있다는 의미다.

① 일이 조금 서툰 사람
　마감일까지 최대한 많은 정보를 모아서 상사의 판단 재료를 늘린다.
② 일 잘하는 사람
　신속하게 정보를 모아 상사의 검토 시간을 확보한다.
③ 더 잘하는 사람
　상사가 판단하기 쉽도록 정보를 정리해서 제출한다.
④ 훨씬 더 잘하는 사람
　상사의 판단을 예측한 상태에서 결재를 요청한다.

자료를 만들어 두라는 지시를 받았을 때, 대부분은 최대한 많은 정보를 긁어모은 다음 최선을 다했다고 여긴다. 물론 정보가 많을수록 정확한 판단에 도움이 되지만 방대한 양의 자료를 훑으려면 그만큼 시간이 걸린다.

이때 일 잘하는 사람은 자료를 주어진 기한보다 일찍 제출해 상사가 충분히 검토할 수 있도록 시간을 확보한다. 그보다 더 나은 사람은 정보를 그대로 건네지 않고 한눈에 보기 쉽게 정리해서 제출한다. 이 수준까지 가능하다면 '눈치가 빠른 사람'이라는 소리를 듣는다.

그리고 일을 훨씬 더 잘하는 사람은 자료를 제출하면서 자신의 생각은 어떠한지 의견을 덧붙인다. 최종 판단의 상사의 몫이지만, 부하의 의견에 근거가 명확하다면 상사는 이를 참고해서 판단을 내린다. 나아가 핵심을 찌르는 의견을 제시한다면 '뭘 좀 아는 사람'이라는 평가를 받는다.

아직은 경험이 부족한 젊은 직원이라도 '경영자의 관점'을 갖추는 것은 중요하다. 조직이 지향하는 목표를 바탕으로 어떻게 판단하면 좋을지 경영자의 관점에서 "저라면 이렇게 하겠습니다"라고 의견을 내보자.

물론 경험이 부족하기 때문에 핵심을 벗어난 의견을 말하게 될지도 모른다. 그래도 직무 훈련의 일종이라 여기고 평소에도 경영자의 관점을 갖추기 위해 노력해야 한다. 시행착오를 거듭하다 보면 정답률은 올라가기 마련이다. 부하 직원이 제시한 의견이 틀렸다고 해서 "너 때문에 일이 틀어졌다"라며 책임을 전가할 상사는 없다. 만약 있다면, 그런 상사는 따를 가치가 없다.

실패를 두려워하지 말고 적극적으로 자신의 의견을 말하자.

04

지나친 확신은 문제를 야기한다

속도보다 정확성을 요구하는 업종에서도 신속하게 처리할 수 있는 일은 빨리해둘수록 좋다. 시간이 흐르면 흐를수록 불확실성이 증가하기 때문이다.

내일은 날씨가 나빠져 대중교통 운행이 전면 중단되거나 예고도 없이 복통이 찾아올지도 모른다. 안달복달하며 서두를 필요까지는 없지만, 내일 무슨 일이 닥칠지 알 수 없다. 그렇다면 오늘 안에 해두는 편이 안전하다.

일단 틀만이라도 잡아 놓으면 내용의 검토와 수정에 충분한 시간을 들일 수 있다. 검토를 거듭할수록 알맹이는 더 정확해지고 완성도 역시 쑥쑥 오른다. 일을 신속하게 진행했을 때 문제 될 일은 하나도 없다. 일찌감치 일을 마무리했다면 "확인 부탁드립니다"라는 말과 함께 지체 없이 상사에게 제출하자.

상사의 입장에서 보면 언젠가는 확인해야 하는 일이다. 필요한 자료를 일찍 확보한다면 일 처리 순서를 정할 때 자유도가 올라간다. 적어도 부하로부터 "아직 마무리하지 못했습니다"라는 말을 들을 일은 없으니 그것만으로도 마음 편히 일할 수 있다.

물론 오탈자가 많으면 "꼼꼼하게 못 하나!"라고 꾸지람을 들을 것이며 내용이 엉망이면 "다시 해와!"라는 말과 함께 퇴짜를 맞을 것이다. 하지만 그래도 마감 당일에 엉성한 자료를 제출하는 것보다는 훨씬 낫다.

다 했다는 확신은 금물

스스로는 제대로 다 했다고 확신해도 다른 사람의 눈으로 보면 터무니없는 실수가 발견되는 경우가 종종 있다. 내가 변호사 시절에 저지른 실패 사례를 조금 각색해서 이야기해 보려 한다.

한 지역 주민이 운수 회사를 상대로 '대형 덤프트럭이 지나갈 때마다 아파트가 기우니 보상하라'는 내용의 민사 소송을 냈다. 나는 선배 변호사와 함께 운수 회사 측을 변호하는 입장이었다. 다음 재판에서는 우리가 '덤프트럭이 지나가도 아파트는 기울지 않는다'고 반론할 차례였다. 주어진 기간은 한 달, 시간은 충분했다.

증거 사진을 찍어 오라는 선배의 지시를 들은 나는 바로 현장을 방문했다. 상대가 문제 삼은 장소를 여러 각도에서 촬영한 후 '사진 증거는 완료!'라고 생각하며 자신 있게 돌아왔다. 프린트해서 확인했을 때도 별다른 문제가 없었기에 선배에게 "사진은 잘 찍혔습니다"라고 보고한 후 다음 작업을 이어갔다.

증거를 법원에 제출하기 전날, 선배가 퇴고에 퇴고를 거듭해 완벽하게 작성한 서류와 그를 뒷받침할 증거 자료를 책상에 늘어놓고 작전 회의를 시작했다. 그런데 내가 찍은 현장 사진을 본 선배의 표정이 굳어졌다.

"이 사진은 증거로 쓸 수 없어….."

트럭이 지날 때 아파트가 기울지 않는다는 증거로 제출해야 하는 자료인데, 내가 찍어 온 현장 사진에는 수평을 나타내는 눈금도 없고 무엇보다도 중요한 트럭이 보이지 않았다. 이미 날도 완전히 저물어서 사진을 다시 찍어올 수도 없었다.

지나친 확신만큼 무서운 것도 없다. 모처럼 일찌감치 일을 마무리했다면 몇 번이고 다시 확인하자.

05

피드백은 빨리 받을수록 좋다

　내가 전에 일하던 법률의 세계에서는 시간이 좀 걸리더라도 정확한 일 처리를 가장 중요하게 여겼다. 그런데 투자의 세계로 넘어오자 다소 조잡하더라도 일단 빨리 처리하는 것을 우선으로 여겨 처음에는 적잖은 충격을 받았다. 하지만 얼마 지나지 않아 '속도'와 '정확성'은 양자택일의 문제가 아니라는 사실을 깨달았다.

　다음의 세 가지를 이해하면 일을 진행할 때 속도와 정확성이 어떤 식으로 양립하는지 알게 될 것이다.

① 일은 서두르면 빨리 끝나지만 오류가 많아진다.
② 시간을 들이면 오류는 줄어들지만 마무리는 늦어진다.
③ 아무리 시간을 들여도 스스로를 과신하면 오류는 발견할 수 없다.

핵심은 ③이다. 지나친 확신은 우리의 사고를 지배하므로 결과물에 오류가 있어도 자신의 눈에는 잘 띄지 않는다. 그런데 이러한 사고에 지배되지 않는 제3자는 실수를 금방 발견해낸다. 그러니 어느 정도의 오류는 어쩔 수 없는 일로 받아들이고 되도록 빨리 다른 사람에게 확인을 요청해 피드백을 받는 편이 좋다.

최근 소프트웨어 업계에서는 알파판, 베타판 같은 이름으로 체험판을 배포한다. 이러한 전략에는 '제품이 아직 완벽하지는 않지만 모쪼록 사용 후에 의견을 바랍니다. 이용자의 의견을 반영해 더 완성도 높은 제품으로 만들겠습니다. 오류로 인해 다소 불편하더라도 양해 바랍니다'라는 의미가 담겨 있다.

아주 작은 오류조차 나오지 않게 완벽해질 때까지 몇 번이고 손을 본다면, 발매일이 한없이 늦춰지고 그만큼 비용도 증가한다. 적당히 완성된 단계에서 발매해 다소의 불편함이 있을지도 모른다고 이용자에게 양해를 구한 뒤 피드백을 받아 반영하는 편이 훨씬 빠르게 완성도 높은 제품을 만들 수 있다.

조금 불편하더라도 빨리 신제품을 써보고 싶어 하는 이용자도 있으므로 그런 사람에게는 오히려 득이 되는 일이기도 하다.

일을 할 때도 마찬가지다. **상사나 동료에게 피드백을 받고 그들의 의견을 반영해 결과물의 완성도를 높여가야 한다.** 바쁜 상사나 동료를 번거롭게 하고 싶지 않다는 마음가짐은 훌륭하지만, 일을 다음 단계로 진행하기 전에 오류를 없애는 편이 결과적으로는 모두에게 이득이다.

진심으로 상사나 동료를 번거롭게 하고 싶지 않다면 조금이라도 빨리 결과물을 제출해서 시간적 부담을 덜어주자. 혼자서도 완벽하게 해낼 수 있다고 자신하는 것은 오만에 불과하다.

"최종본은 아닙니다만, 혹시 시간이 괜찮으실 때 한 번 확인해주시겠어요?" 이런 식으로, 주어진 기한보다 일찍 일을 처리하면 다른 사람의 의견을 받아볼 수 있다.

06

자신의 능력을 과대평가하지 말자

젊은 직원들은 경험이 부족해서 자신의 역량을 정확히 알지 못한다. 이는 단점이 아니며 어떤 경우에는 오히려 강점이 되기도 한다. 문제는 성장하고자 하는 의욕이 지나쳐 자신의 능력을 과대평가할 때 생긴다. 자신감을 갖는 것은 좋다. 하지만 **팀의 일원으로 일할 때는 자신감이 '자기 과신'으로 이어지지 않도록 조심하자.**

사람은 자신의 실력보다 조금 높은 곳, 발돋움해서 닿을락 말락 할 정도의 과제에 도전할 때 가장 빠르게 성장한다. 그래서 때때로 나는 장래성이 보이는 젊은 직원에게 해낼 수 있을지 없을지 모를 아슬아슬한 과제를 준다. '기대 반, 불안 반' 하는 마음으로 말이다.

"이 일을 맡길까 하는데, 할 수 있겠어?"
"맡겨만 주시면 반드시 해내겠습니다! 열심히 하겠습니다!"

그런데 이처럼 한 치의 불안이나 망설임조차 느낄 수 없는 자신만만한 대답이 돌아올 때가 사실은 가장 걱정이다. 그 자신감에는 근거가 없기 때문이다. 직접 일을 맡겨놓고 못 미더워하다니 모순처럼 들릴 수도 있다.

그렇다고 이런 상황에서 "정말 할 수 있겠어?"라고 되묻기도 좀 그렇다. 기대하면서 일을 맡긴 상대에게 실례이니 말이다. 게다가 상대는 모처럼 열의와 의욕으로 가득 차 있는 상태다. 아무쪼록 그의 자신감이 좋은 방향으로 굴러가 주길 바랄 뿐이다.

상황 보고는 솔직하게

경험이 부족한 직원이 주어진 일을 제대로 해내지 못한다 해도 그것은 상사인 내가 판단을 그르쳐 너무 아슬아슬한 과제를 주었기 때문이지 그의 책임은 아니다. 다만 어디까지나 직장이고 일이므로 "이번에는 아쉽게 되었네"라는 말로 끝낼 수는 없다. 업무를 지원해줄 선임 직원을 붙여서라도 수습하게 한다.

그러고는 이따금씩 "일은 어떻게 되어 가나?"라고 슬쩍 떠보는데, 이때 문제를 감추고 "순조롭게 진행 중입니다"라고 보고하는 사람이 더러 있다. '해낼 수 있을 것 같은 일을 해내지 못하는 현실'을 받아들이지 못하는 것인지도 모른다.

눈앞이 캄캄한 상황에서 '어떻게든 되겠지'라고 생각하거나 아무것도 손대지 않고 방치하는 사람도 있다. 당연하지만, 머지않아 모든 일은 발각되고 만다.

"할 수 있다고 하지 않았나?"
"그게, 거래처에서 회신을 늦게 줬어요."
"왜 그걸 이제야 말해!"

경험이 부족한 젊은 직원에게 일을 맡긴 상사는 보통 만일에 대비해 대안을 마련해둔다. 하지만 상대가 상황 보고를 정확히 하지 않으면 일을 마무리 지을 때까지 불안은 계속된다. 그렇기에 경험이 부족한 직원이 자신만만한 목소리로 "할 수 있습니다!"라고 말하면 상사는 반대로 '유심히 지켜봐야겠군'이라고 생각한다.

어떤 일을 맡게 되었다면 현재 상황이 어떻게 돌아가는지를 명확히 판단하자. **자신이 감당하기 어려운 단계라면 윗선에 바로 보고하는 것이 중요하다.**

07

말 꺼내기 어려운 사안부터 보고하자

'이 일은 앞으로 문제가 될 것 같다'는 느낌이 오는 사안을 그냥 내버려 두었는데도 그럭저럭 잘 마무리되었다는 이야기는 들어본 적이 없다. 시간이 해결해주는 것은 실연으로 생긴 마음의 상처 정도다. 업무 관련 문제는 시간이 흐를수록 오히려 위험도가 증가한다. 조만간 주위 사람 모두를 말려들게 할 만큼 위험한 사안으로 변모할 가능성이 높다.

예를 들어, 이 책의 담당 편집자인 H가 실수로 원고를 파쇄하고는 차마 저자인 나에게 다시 보내달라는 말을 꺼내지 못했다고 가정해보자. 예정된 날짜가 지났는데도 확인 요청이 오지 않으면 나는 H에게 "지난번에 보낸 원고는 어떻게 되고 있나요?"라고 문의한다. 이 시점에라도 "실은 원고를 잃어버렸습니다"라고 털어놓아야 한다. 때를 놓치면 이제 돌이킬 수 없다.

머지않아 무언가 이상한 낌새를 느낀 나는 출판사에 전화를 건다. 그리고 H의 동료에게 상황을 전달하고 무언가 문제가 있는지를 묻는다. 인쇄 일정을 비워둔 인쇄소도, 전국의 서점에 발매일을 전달해둔 영업부도 이 일에 말려들어 큰 소동이 벌어질 것이다.

실수는 언젠가는 발각된다. 초기 단계라면 얼마든지 손쓸 방법이 있지만 미루면 미룰수록 수습에 많은 인원과 비용이 들어간다. 그러다 일선을 넘어서 버리면 결국에는 이러지도 저러지도 못하는 상황에 빠진다.

회사에 소속된 일원으로 일할 때의 장점은 개인의 실수를 조직의 힘으로 보완할 수 있다는 점이다. 이에 대한 이해 없이 단순히 '자존심이 상한다' 같은 이유로 문제를 방치해서는 안 된다. 문제를 떠맡아 수습해야 하는 사람이 푸념이나 쓴소리를 할 수도 있다. 하지만 이는 피차 마찬가지다. 다음에는 자신이 누군가의 실수를 보완하고 수습하면 된다. 이런 식으로 돌아가는 곳이 바로 조직이다.

게다가 사실 세상 사람들은 대부분 '좋은 사람'이다. 상사든, 동료든, 거래처 직원이든 완성도 높은 제품을 만들고 질 좋은 서비스를 제공하고 싶다는 공동의 목표를 향해 열심히 일한다. 문제가 생기면 위기를 극복하기 위해 하나가 되어 애써줄 것이다. 그러니 함께 일하는 동료, 한배를 탄 사람들을 믿어야 한다.

문제가 생기면 최대한 빨리 주변에 알리자. 특히 직속 상사에게는 '문제가 될 것 같다'고 느낀 시점에 보고해야 한다. 설령 '이 정도라면 스스로 해결할 수 있다'는 자신이 있어도 말이다.

"현재 ○○ 관련 건이 □□와 같은 상황입니다. 현 단계에서는 제가 해결할 수 있을 듯한데, 혹시 도움이 필요하면 말씀드리겠습니다. 그럼 다시 보고 드리겠습니다."

이렇게 보고해두면 상사는 상황을 이해하고 앞으로 일어날지도 모를 문제를 예측하여 대책을 마련할 수 있다. 부하 직원 입장에서도 스스로 해결하기 어려운 상황에 빠졌을 때 "이전에 보고 드렸던 건입니다만…" 하고 말을 꺼내기가 조금은 수월하지 않을까.

08

미룰수록 위험해진다

　기본적으로 일은 미루지 말고 제때 착착 처리하는 것이 가장 좋다. 일 하나를 빨리 마무리하면 그만큼 일찍 다음 일을 시작할 수 있고, 업무 중간에 예상치 못한 사태가 벌어져도 대처할 시간적 여유가 생긴다. 그만큼 업무 경험치도 쌓이므로 자신의 성장 속도 역시 빨라진다.

　그러나 말은 쉬워도 행동하기는 어렵다. 컨디션이 나쁘거나 마음이 내키지 않는 날도 있게 마련이다. 해야 할 일이 동시에 밀려오면 '먼저 처리할 일'과 '뒤로 미뤄야 하는 일'을 구분할 수밖에 없다.

업무의 긴급성과 수고로움에 따른 네 가지 분류

① 긴급성이 높고 손이 많이 가는 일
② 긴급성이 높고 손이 많이 가지 않는 일
③ 긴급성이 낮고 손이 많이 가는 일
④ 긴급성이 낮고 손이 많이 가지 않는 일

이 네 가지 중 어떤 일을 먼저 하겠는가?

대부분은 긴급성이 높은 ①, ②에 곧바로 손을 댄다. 특히 ①은 긴급성이 높은데다 손까지 많이 가는 일이니 만사를 제쳐 놓고서라도 바로 시작해야 한다. ④를 먼저 하는 사람도 비교적 많다. 긴급성은 낮지만 손이 많이 가지 않으므로 빨리 해치워야겠다는 마음이 들기 때문이다.

가장 먼저 해치워야 하는 일

문제는 ③이다. 이 일은 긴급성이 낮으므로 당장 하지 않아도 위기가 찾아오지는 않는다. 보통은 시간적 여유가 있을 때 단숨에 해치워야겠다고 마음먹기 쉽다. 그래서 충분한 심적, 시간적 여유가 날 때까지 뒷전으로 미루면서 어지간해서는 손을 대려 하지 않는다. 하지만 언제까지나 미룰 수는 없다. 어떤 일이든 마감일은 반드시 정해져 있기 때문이다. 그리고 마감일은 매일 서서히 자신을 압박해온다.

결국 '긴급성이 낮고 손이 많이 가는 일'은 시간이 지날수록 '긴급성이 높고 손이 많이 가는 일'로 바뀐다. 손이 많이 가는 일은 시간을 들여야만 끝낼 수 있다. 시간이 필요한데 시간이 없다니 최악의 상황이다. 게다가 어디서 갑자기 뚝 떨어진 일도 아니다.

주위에서는 "시간은 충분했을 텐데 그동안 뭘 한 거야?"라고 추궁한다. 이쯤 되면 머리를 숙여가며 동료의 손을 빌리거나 비용을 들여 외주로 돌리는 수밖에 없다. 어떤 방법을 쓰든지 간에 심적 부담에 짓눌려 위가 따끔거릴 것이다.

긴급성이 낮고 손이 많이 가는 일일수록 서둘러 해치우자. 이런 일은 지금은 작아서 눈에 띄지 않을지라도 머지않아 거대한 괴물로 변해 우리를 괴롭힌다.

09

몰입 상태를 이용하자

긴급성이 낮고 손이 많이 가는 일을 서둘러 해치우라고는 했지만, 이런 일일수록 좀처럼 마음이 내키지 않는 법이다. 이럴 때는 이럴 때는 **몰입**Flow **상태**에 빠져보자. 미국의 심리학자 미하이 칙센트미하이Mihaly Csikszentmihalyi의 연구에 따르면, 사람은 몰입 상태에서 일할 때 행복을 느낀다고 한다. 몰입 상태란 쉽게 말해 '**극도로 집중한 상태**'를 의미한다.

세상에는 연 수입이 수억 엔에 달하는데도 불행을 느끼는 사람이 있고 임금이 낮은 단순 노동을 하면서도 행복을 느끼는 사람이 있다. 칙센트미하이는 방대한 자료를 바탕으로 이와 같은 심리 메커니즘을 분석해 '행복을 느끼는 조건'을 찾아냈다.

몰입의 다섯 가지 조건

① 달성 가능한 과제가 주어진다.
② 과제 달성을 목표로 집중한다.
③ 즉각적인 피드백을 받을 수 있다.
④ 무리하거나 부담을 느끼지 않는 상태다.
⑤ 자신의 행동을 스스로 통제한다고 느낀다.

①에서 말하는 '달성 가능한 과제'란 손을 뻗으면 닿을 수 있는 골대에 비유할 수 있다. 과제가 너무 쉬우면 흥이 나지 않고 반대로 너무 어려우면 의욕조차 생기지 않는 법이다.

②를 충족하려면 어느 정도 방해받지 않고 일할 수 있는 환경이 필요하다.

③에서 말하는 '피드백'이란 일시적으로 작업에서 한발 물러섰을 때 주변에서 해주는 칭찬이나 꾸지람을 의미한다.

④는 지나친 부담에 짓눌리지 않고 몸 상태도 양호해 집중을 흐트러뜨리는 통증이나 고통을 느끼지 않는 상태다.

⑤는 일의 결과가 운이나 제3자의 의도가 아닌 자신이 어떻게 하느냐에 따라 달라진다는 사실을 절실히 느끼는 상태를 말한다.

이 다섯 가지 조건을 충족하면 자신이 '일하고 있다'는 사실조차 잊을 정도로 깊은 몰입 상태에 들어간다. 이윽고 과제를 달성하는 순간, 매우 강렬한 만족감과 성취감을 느끼게 된다.

'아이고' 소리가 절로 나올 정도로 분량이 많아서 좀처럼 손이 가지 않는 일을 해야 한다면 몰입 상태에 들어갈 수 있는 환경을 직접 만들자. 예를 들면, 남들의 방해를 받지 않는 장소로 이동하는 것도 방법이다. 몰입에는 집중할 수 있는 환경도 중요하기 때문이다.

일에는 무조건 마감이 따라온다. 뒤로 미루면 미룰수록 부담이 커져 즐기려 해도 즐길 수 없다. 그러니 해야 할 일이 있다면 되도록 빨리 시작하자.

10

일에서 즐거움을 찾자

 몰입 상태에 들면 '손이 많이 가는 번거로운 일' 같은 단기적 과제를 처리할 때뿐만 아니라 중장기적 목표를 설정할 때도 도움이 된다.

 사람이 몰입 상태에서 행복을 느끼는 가장 큰 이유는 자신을 남과 비교하면서 신경 쓰는 일이 사라지기 때문이다. 행복은 무엇을 기준으로 삼느냐에 따라 달라진다. 앞서 '연 수입이 수억 엔에 달하는데도 불행을 느끼는 사람이 있다'는 이야기를 했다. 사람마다 각자 사정은 다르겠지만, 일이나 재산 때문에 불행을 느끼는 사람은 대개 지위나 명예 같은 상대적 가치관을 행복의 기준으로 둔다.

누군가를 보며 '언젠가 저 사람처럼 되고 싶다'라거나 '저 녀석에게만은 절대 지고 싶지 않아'와 같은 감정을 품는다면 어떨까. 사람에 따라서는 동경의 대상이나 라이벌에게 자극을 받아 의욕을 불태우기도 한다. 이처럼 남과의 비교가 긍정적으로 작용하는 경우라면 괜찮지만, '뛰는 놈 위에 나는 놈 있다'는 사실을 인정하고 받아들이지 않으면 평생 행복해질 수 없다.

행복은 '더 도전하고 싶다'와 같은 마음을 갖게 만드는 동기 부여의 원동력이다. 그리고 이런 도전 의식이 없는 사람은 일을 잘할 수 없다.

즐기면서 일하면 속도는 저절로 빨라진다

이렇게까지 말할 수 있는 이유는 나 역시 '지나치게 남들과 비교하느라 행복하지 못했던 시기'를 거쳤기 때문이다.

나에게는 오래전부터 남과 자신을 비교하고는 멋대로 의욕을 잃는 나쁜 습관이 있었다. 서로 다른 업종에서 일하는데도 같은 세대라는 이유만으로 다른 기업가와 자신을 비교하면서 금세 풀이 죽곤 했다. '나는 왜 이런 식으로 생각할까?'라고 반성하던 어느 날 칙센트미하이의 저서 《몰입Flow》을 만났다. 이 책에는 내 사고방식의 문제점이 무엇인지 명확히 서술되어 있어 무척이나 마음에 와닿았다.

그날 이후, 나는 회사의 경영을 고민할 때도 칙센트미하이의 연구를 참고했다. 일단 '세계 제일의 법률 회사로 만들자'라는 새로운 목표를 설정했다. 그리고 '5년 후, 일본 최고의 법률 회사로 만들자'라는 중간 목표를 두었다. 기한 내에 목표에 도달하기 위해 이를 구체적으로 수치화한 연간·월간 목표도 세웠다.

나아가 이를 개인 차원에서 관리하기 위해 MBO Management By Objectives라는 목표 관리 제도를 만들었다. MBO를 활용해 직원들이 중간 피드백을 받을 수 있도록 성과에 따른 포상의 기회도 마련했다. 효과는 바로 나타났다. 직원들의 의욕이 눈에 보일 정도로 상승한 것이다.

자신이 직접 설정한 살짝 높은 허들을 넘어설 때 우리는 성취감과 보람을 맛본다. 나아가 '이 기쁨을 더 맛보고 싶다'는 다짐과 함께 의욕이 샘솟는다. 목표를 향해 가는 길에 노란색 경고등이 켜져도 문제는 자신 안에 있는 법이니 어떻게든 헤쳐 나갈 수 있다.

이 책을 읽는 독자의 대다수는 아마도 일 처리가 느려서 고민일 것이다. 하지만 그것은 원래 느려서가 아니라 목표 설정이 적절치 않아서인지도 모른다. 현재 자신이 하는 일에서 기쁨을 느끼지 못한다면 과거의 자신을 뛰어넘겠다는 목표를 설정하고 온 힘을 다해 달려보자.

제2장

일 잘하는 사람의 사고법

11
의욕은 저절로 생기지 않는다

좀처럼 잘 움직이지 않거나 행동이 굼뜬 사람을 가리켜 '엉덩이가 무겁다'라는 표현을 쓴다. 그만큼 첫발을 내딛기가 어렵다는 뜻이 다. 이에 관해 사람들이 자주 묻는 말이 있다.

"어떻게 해야 의욕이 생길까요?"

참으로 답하기 어려운 질문이다. 나 역시 '피곤하다', '힘들다', '하기 싫다'는 생각은 자주 한다. 중요한 일을 눈앞에 두고 어디서부터 손을 대야 좋을지 몰라 난감했던 적도 있다. 하지만 의욕이 생기지 않아 시작하지 못한 적은 거의 없다. 왜냐하면 '언젠가는 해야 하는 일이니 빨리 손을 대는 편이 낫다'고 생각하기 때문이다. 나는 편안함을 추구하는 사람인지라 자신에게 부담이 적은 쪽을 택한다.

지금 할까, 나중에 할까. 어느 쪽이 덜 괴로울지는 자명하다. '머리로는 알고 있지만 실천이 어려워. 나는 여름방학 숙제도 막판에 몰아서 하던 편이어서…'라고 생각하는 사람도 있을 것이다. 그런 사람에게 뇌 연구자인 이케가야 유지의 말을 들려주고 싶다.

"의욕이 없어서 시작을 못 하겠다는 말은 '안 하는 사람의 변명'에 불과하다. 애초에 의욕은 처음부터 생겨날 수가 없다. 어떤 일을 시작하고 나서야 비로소 솟아나는 것이다."

우리는 일단 무언가를 시작하면 그 뒤를 궁금해 하고 중간쯤 도달하면 끝을 보고 싶어 한다. 인간에게는 어떤 일을 끝까지 완수하려는 욕구가 있기 때문이다.

영상물 제공 업체가 인터넷상에 특정 드라마를 1화만 무료로 서비스하거나, 시리즈 전권을 구입하면 모형을 완성할 수 있는 잡지의 제1권만 저렴하게 판매하는 방식 또한 이러한 심리를 이용한 전략이다. 출발선에 있는 허들을 과감히 낮춰 어떻게든 시작하게 만들면, 그 뒤로는 유료 서비스든 가격을 올리든 계속 이용할 것이라고 믿기 때문이다.

어떤 일을 시작해서 계속하다가 중간쯤 도달하면 '여기서 그만두면 지금까지 해온 모든 것이 물거품이 되겠지'라는 고민에 빠진다. 그것이 싫어서 그만두지 못하고 조금 더 진행하다 보면 '기왕 여기까지 왔으니 끝을 보자'라는 심리가 발동해 어떻게든 마무리를 짓게 된다.

의욕은 저절로 생기지 않는다. **머리가 아닌 몸으로 직접 첫발을 내딛자.** 그러면 나머지는 어떻게든 된다.

12

시작이 반이다

고등학교 물리 시간에 배운 마찰력을 떠올려보자. 정지 상태의 물체는 움직이기 직전에 가장 큰 힘이 필요하다. 그리고 일단 움직이기 시작하면 그보다 적은 힘으로 이동할 수 있다. 물체가 최대정지마찰력의 한계를 넘어서면 운동마찰력의 영향을 받기 때문이다.

일도 마찬가지다. 사람은 중대한 일을 눈앞에 두면 '큰일이다!' 하고 걱정이 앞서 손이 멈춘다. 무엇이든 좀처럼 시작하지 못하는 사람들은 흔히 이런 이유를 댄다.

"아직 생각이 정리되지 않아 시작하지 못했습니다."
"어떻게 하면 좋을지 몰라서 생각 중입니다."
"쉽지 않은 건이라 고민하고 있습니다."

　이는 주객전도가 아닐 수 없다. 생각을 정리하려면 생각의 조각을 갖추어야 한다. 그러려면 일단 조각부터 모아야 한다. 생각만 하고 있으면 아무것도 시작되지 않고, 시작하지 않으면 생각을 정리할 수 없다.
　자료 요청, 관련 기사 검색, 유사 상품 조사, 이미지 수집, 도움을 줄 사람과 만날 약속 잡기 등, 시도할 수 있는 일은 많이 있다.

폴더를 만들자

　일의 성과는 결국 결과가 전부이다. 만반의 준비를 갖추고 출발선에 서 있기만 해서는 **아무런 의미가 없다.** 이런저런 이유를 대며 망설일 여유가 있다면 그럴 시간에 일단 달려 나가자. 달리기 시작해야 나아가야 할 길이 더 선명하게 보인다.
　나는 가장 먼저 컴퓨터 바탕화면에 '새 폴더'를 만들고 프로젝트명을 붙인다. 그리고 해당 폴더 안에 다시 몇 개의 '새 폴더'를 만들고 작업명을 적는다.

이 작업 폴더들은 프로젝트의 완성을 위해 해야 할 세부 작업, 모을 자료, 발주할 물건을 나타내는 '목차'다. 여기까지 완성하면 프로젝트의 종착점으로 가는 길이 보인다. 우선 각 폴더의 알맹이를 충실히 채워나가자.

폴더가 텅 비어 있으면 허전하니 바로 '새 문서'를 하나씩 만들어 넣자. 그리고 업무 관련해서 떠오른 생각을 적자. 단어, 문장, 개요, 아이디어 메모 등 무엇이든 좋다. '시작 문구를 뭐라고 써야 할지 모르겠다'며 끙끙거리는 사람이 있는데, 반드시 글의 첫머리부터 쓸 필요는 없다.

여기까지 했다면 절반, 아니 그 이상 해낸 것이나 마찬가지다. 폴더 안에 생각의 조각이 모이면 연결되는 내용은 이어붙이고, 필요한 것과 불필요한 것을 구분하고, 비슷한 파일끼리 분류하자. '생각을 정리한다'는 것은 이러한 작업을 두고 하는 말이다.

13

출발 신호가 울리기 전에 달려 나가라

산업혁신기구에서 근무하던 시절, '일 처리가 압도적으로 빠른 두 사람'을 만났다.

한 사람은 입사 동기였는데, 무서울 정도로 두뇌 회전이 빨라서 순식간에 일을 처리하는 타입이었다. 그 사람은 너무 대단해서 흉내 낼 생각조차 들지 않았다. 그저 '세상에는 이런 천재도 있구나!' 하고 감탄만 나왔다.

다른 한 사람은 나보다 10살 정도 많은 선배 G다. 그도 물론 머리가 좋았지만 그 이상으로 일 처리 솜씨가 매우 뛰어났다.

G 선배는 매년 성과에 따라 직원의 3분의 1이 교체되는 가혹한 외국계 증권사에서 10년 넘게 살아남았다. 그래서인지 그에게는 '시간이 곧 돈이다'라는 사고방식이 뼛속까지 스며 있었다. 그러한 자세는 나에게도 큰 영향을 주었다.

어느 날, 프로젝트를 검토하는 회의에서 이런 대화가 오갔다.

"이게 가능하면 좋을 텐데."
"이런 방식으로 진행하면 되겠네요."
"그러려면 이런 기술을 가진 사람의 협력이 필요해요."

보통 여기까지 대화가 진행되면 이제 누가 무엇을 담당할지를 정한다. 그리고 회의를 마친 후에 프로젝트의 개요와 순서를 정리하면서 필요한 기술을 가진 인재의 목록을 추린다. 그런데 G 선배는 "으음…" 하며 오가는 의견을 들으면서 타닥타닥 노트북 키보드를 두드리는가 싶더니 "지금 몇 사람에게 이메일 보내놨어"라고 말했다.

회의 내용을 들으면서 도움이 될 만한 사람이나 그런 사람을 알 법한 외부의 지인에게 '의논할 이야기가 있다'라는 식으로 일단 이야기를 던지는 것이다.

또한 이메일을 보낼 때는 참조 기능을 이용해 회의에 참여한 모두와 내용을 공유한다. 그러면 회의 참석자들은 비슷한 사유로 누군가에게 이메일을 보내야 할 때 공유 받은 내용을 복사해서 그대로 쓸 수 있다.

외부 사람을 프로젝트에 끌어들이는 방식도 눈여겨볼 필요가 있다. 이메일을 받은 지인이 긍정적인 답변을 보내면 자연스럽게 "그럼 미팅은 언제 할까요?"라는 흐름으로 이어진다. 일 처리가 빠른 사람의 지인이기 때문일까. 상대 역시 회의가 끝나기도 전에 답장을 보낸다. 'O월 O일 오후라면 찾아뵐 수 있습니다'라고 날짜까지 제시하는 경우도 드물지 않다.

그러면 미팅 날까지 자료를 준비하고, 미팅이 마무리되면 구체적인 논의를 위해 다음 단계로 넘어간다. G 선배와 일을 할 때면 "이게 가능하면 좋을 텐데"라는 의견을 제시하고 나서 얼마 지나지 않았는데도 구체적인 부분까지 일이 착착 진행된다.

'일은 일단 시작하면 절반은 끝낸 것이나 마찬가지'라고들 하는데, 이런 상황을 두고 하는 말이 아닌가 싶다.

14

할 일이 쌓였을 때는 바쁜 티를 내자

산더미처럼 쌓인 일을 지금 당장 집중해서 처리하고 싶을 때가 있다. 그런데 꼭 그럴 때만 골라서 누군가가 방해를 한다.

"지금 잠깐 괜찮아?"

"간단한 부탁 하나 해도 될까?"

"커피나 한잔하러 가지."

예정에 없던 자리에서 이루어지는 대화는 잡담으로 흐르기 십상이다.

이런 간단한 부탁은 꼭 자신이 아니어도 상관없는 경우가 대부분이다. 상대방의 상황을 고려하지 않고 한숨 돌리자고 권하는 행동은 그저 민폐일 뿐이다.

무심결에 "네"라고 대답하면 그길로 경로를 이탈하게 된다. 의지가 약해서 생기는 일만은 아니다. 말을 건 상대가 상사나 선배라면 딱 잘라 거절하기도 힘들기 때문이다. 하지만 이래서는 평생 '일 잘하는 사람'이 될 수 없다.

말 걸기 어렵게 미리 손을 쓰자

그럼 어떻게 하면 좋을까? **애초에 말을 걸지 못하게 만들어야 한다.** 아무도 말을 걸지 않으면 대답할 필요도 없다. 그러니 미리 손을 쓰자. 온몸으로 **'지금 매우 집중해서 일하고 있습니다! 말 걸지 말아주세요!'**라는 분위기를 내뿜는 것이다.

정말로 한눈팔지 않고 일에 몰두하면 그런 분위기는 저절로 나온다. 하지만 사람마다 타고난 성격이나 성향이 달라서일까. 좀처럼 주위에서 알아채지 못하는 경우도 있으니 몇 가지 구체적 예시를 소개하겠다.

만약 허용되는 환경이라면 헤드폰을 끼고 작업하자. 음악은 틀지 않아도 상관없다. 일탈을 권하는 사람은 "잠깐 한숨 돌리지 않을래?"라고 말을 걸었을 때 "좋지!"라고 가볍게 맞장구쳐 주기를 바란다. 상대가 번거롭게 헤드폰을 벗고 "네? 뭐라고요?"라고 되묻는 상황을 원치는 않는다. 어쩐지 모양새가 우스워지기 때문이다.

IT 벤처기업이나 디자인 계열 회사에서는 헤드폰을 허용하는 경우도 있지만, 그렇지 않은 회사라면 다른 방법이 있다. 일할 때 책상으로 파고들어 갈 듯이 수그리고 앉아 중얼중얼 혼잣말을 하자. 가끔 "아, 이게 뭐야!"라며 분통을 터뜨리는 것도 좋다. 정신없이 바쁜 상황을 연출해서 **'이 사람에게는 말을 걸어봤자 숨통이 트이질 않겠구나'**라고 느끼게 만들자.

우리 회사 직원인 A는 집중해서 일해야 할 때, 모두가 공유하는 일정표에 **'정신과 시간의 방에 있습니다'**라고 적어놓은 다음 회의용 테이블에서 작업한다. '정신과 시간의 방'은 만화 《드래곤 볼》에 나오는 '하루로 1년을 살 수 있는 수행의 방'을 말한다. 아마도 그는 그만큼 밀도 높게 일하고 있다는 말을 하고 싶은 듯하다.

처음에는 '뭐야 이건?'이라고 생각했지만 지금은 모든 직원이 그 문구가 무엇을 의미하는지 잘 안다. 그래서 A가 '정신과 시간의 방'에 있을 때는 아무도 말을 걸지 않는다. 말 걸기 어려운 분

위기를 능숙하게 내뿜지 못하는 사람은 '바빠요 신호'를 만들어서 모두에게 미리 알리는 것도 하나의 방법이다.

15

일 처리 속도는 눈치에 달렸다

"일 처리가 빠르군!"

이런 말은 주어진 과제를 예상보다 빨리 제출했을 때 상사로부터 들을 수 있다. 만약 정해진 마감일보다 조금 일찍 제출해도 그 시점이 예상 범위 내라면 돌아오는 말은 "고마워" 정도다.

"일 처리가 빠르군!"이라는 말에는 일종의 놀라움과 감동이 담겨 있다. 상대의 입에서 이런 말이 나오게 만들고 싶지 않은가? 그러려면 지시를 받고 나서 움직이는 정도로는 부족하다. 대부분의 상사는 부하 직원의 실력을 가늠해서 '어느 정도 기간을 주면 이 사람이 과제를 해낼 수 있을까'를 판단한다. 그리고 마감일은 혹시 생길지도 모를 다양한 문제 상황을 고려해서 그보다 조금 앞당겨 설정한다. 그러므로 마감일 전에 과제를 제출해도 보통은 상사의 예상 범위 내일 가능성이 높다.

그렇다면 어떻게 해야 할까? **먼저 상사의 의도를 이해하고 추가로 어떤 지시가 내려올지 예측한 후, 상사의 생각을 앞질러서 행동해야 한다.** 2주 뒤에 상사와 어떤 기업을 처음 방문하게 되었다고 가정해보자. 다음과 같은 대화가 오갈 것이다.

"다다음 주 수요일 오후에 ○○물산을 방문할 테니 일정 비워둬."
"네, 알겠습니다."

그런 다음 스케줄 표를 열어 상사가 지시한 일정을 적어둔다. 2주 뒤이므로 일정에는 여유가 있다. 대부분은 이 시점에 추가로 내려올 지시를 기다리지만, 일을 잘하는 사람은 어떤 지시가 내려올지를 예측한다.

일단 첫 방문이므로 미리 해당 기업과 부서에 대해 자세히 알아두자. 상사가 그 자료를 정리해서 제출하라고 할지도 모른다. 그리고 상대에게도 우리 기업에 관한 자료를 건넨다. 누구를 어떤 목적으로 만나는 자리인지 안다면, 무슨 일을 미리 해놓아야 할지 가닥을 잡을 수 있을 것이다.

초기 단계부터 부하가 할 일을 직접 세세하게 지시하고 통제하는 '마이크로 매니지먼트형' 상사도 더러 있다. 하지만 대부분의 상사는 자신이 전략을 짜야 하는 단계까지 와야 지시를 내린다. 아마 슬슬 준비를 시작해야 할 3, 4일쯤 전에 지시가 날아올 것이다. 검토할 시간도 필요하므로 마감 날은 방문 전날일 확률이 높다. 이럴 때 자료를 미리 준비해 놓으면 어떻게 될까?

"내일 중으로 ○○물산 관련 자료와 우리 쪽 사업계획서 정리해둬."
"네, 이미 정리해 두었습니다. 확인 부탁드립니다."
"오, 자네 일 처리가 빠르군!"

진심 어린 감탄은 이런 상황에서 나온다. **상대가 감동할 정도로 빠르게 일 처리하는 능력은 머리와 손을 쓰는 속도가 아닌 '눈치가 얼마나 빠르냐'에 달렸다.**

16

실패를 성장의 기회로 삼자

앞서 일 처리 속도는 '눈치가 얼마나 빠르냐'에 달렸다고 말했다. 하지만 '눈치 빠르게 행동하자'라고 마음먹는다고 해서 당장 내일부터 그렇게 될 수 있는 것은 아니다. 그것이 가능하다면 고생할 사람은 아무도 없을 것이다.

나는 이 책에 참고가 될 몇 가지 방법을 실어두었지만, 그것이 모든 상대에게 통하는 딱 들어맞는 해법은 아니다. 왜냐하면 눈치 빠르게 행동할 '상대'는 매번 바뀌기 때문이다.

지시받은 자료를 마감일이 오기 전에 만들어 재빨리 상사에게 제출하면 어떤 장면이 펼쳐질지 상상해보자. 자료를 확인할 시간적 여유가 생겼으니 상사도 분명 흡족해할 것이다. 상사의 판단에 도움을 줄 정보는 많은 편이 좋다고 생각해 참고할 만한 자료도 많이 덧붙였다. '일 처리가 빠르군!'이라는 칭찬을 기대하면서 말이다. 그런데 상사에 따라서는 이런 반응을 보일 수도 있다.

"이건 금요일까지만 주면 된다고 하지 않았나!
지금은 볼 시간이 없어. 게다가 첨부 자료는 왜 이리 많아?
요점을 정리해서 다시 만들어!"

상대의 생각을 앞지르려면 예측의 정확도를 높여라

   상사도 사람이다. 사람에 따라서는 자신이 해야 할 일이 쌓이는 상황 자체에 스트레스를 받기도 한다. 참고 자료도 '만일에 대비해 첨부해두라'는 사람이 있는 반면 '근거가 충분하다면 필요 없다'는 사람도 있다. 이런 부분은 '사람마다' 다르므로 상대를 유심히 살펴보고 판단하는 수밖에 없다.
   자신의 상사가 어떤 방식으로 일하는 사람인지는 오래 알고 지내다 보면 자연스레 알게 된다. 거래처 직원에 대해서도 마찬가지다.

상대의 성격, 사내 사정, 일 처리 방식을 알아야 앞으로 무엇이 필요할지를 정확히 예측해 오류 없이 상대의 생각을 앞지를 수 있다. 그러나 신입이나 경험이 부족한 젊은 직원은 예측을 뒷받침할 정보 자체가 적기 때문에 상대의 생각을 정확히 앞지르지도 쉽지 않다. 예측이 완전히 빗나가 애써 준비한 자료가 쓸모없게 되어버릴 수도 있다. 이러한 업무 기술은 시행착오를 통해 배우는 수밖에 없다.

예측에 실패하면 "시간은 충분히 줬는데 그동안 뭘 한 거야!"라든가 "이 정도는 말하지 않아도 알아서 했어야지!"라는 꾸지람을 들을 수 있다. 그때 '내 나름대로는 애썼는데… 괜히 열심히 고민했어. 앞으로는 시킨 일만 해야지'라고 생각하는 사람은 그 이상 성장하지 못한다. 그저 상사의 지시만 기다리는 평사원으로 끝나고 만다.

반면에 **꾸지람을 들어도 기죽지 않고 실패를 발판 삼아 꾸준히 나아간다면 예측의 정밀도 역시 서서히 올라간다.** 일 처리 속도가 점점 빨라지면서 경험치가 쌓이고, 머지않아 '일솜씨가 좋은 사람'으로 인정받아 책임 있는 자리를 맡게 될 것이다.

17

사내에서 제일가는 잡무의 달인이 되자

　회사에서는 각자 역할을 분담해 조직 단위로 일을 진행한다. 주요 업무 외에, 상사나 동료의 일을 보조하거나 본격적으로 일을 시작하기 전에 준비하는 과정도 업무에 포함된다. 이른바 '잡무'라 부르는 일이다.

　대부분의 직장에서는 신입이나 경력 짧은 직원이 잡무를 맡는다. 직장에 따라서는 거의 잡무만 맡기는 경우도 있다.

'이런 일을 하려고 이 회사에 들어온 게 아닌데.'
'복사나 서류 정리만 시키다니, 나를 키울 마음이 있기는 한 걸까.'
'계속 잡무만 시키고 보람 있는 일은 전혀 맡기질 않아.'

이렇게 고민하며 우울해하거나 성장할 기회가 없다고 한탄하면서 일찌감치 전직하기로 마음먹는 사람도 있다. '어서 빨리 일 하나를 책임지고 싶다', '거대 프로젝트에 참여하고 싶다'라고 조급한 마음이 드는 것도 이해는 되지만, 너무 초조해하지 말자.

'세상에 더 중요하고 덜 중요한 일은 없다'는 말이 입바른 소리로 들릴지도 모르겠다. 하지만 사실이 그렇다. 나는 경영자의 입장에서 신입이나 젊은 직원들이 밀려드는 잡무를 어떻게 처리하는지, 세세한 부분을 놓치지는 않는지, 타인을 배려하는지 등을 관찰한다. 그러다 보면 참으로 신기하게도 그 사람의 일에 대한 자세나 적성이 분명하게 보인다.

일본 한큐토호그룹阪急東宝グループ의 창업주인 고바야시 이치조小林一三는 이런 명언을 남겼다.

> "당신에게 신발 관리하는 일을 맡긴다면
> 이 나라에서 제일가는 신발 관리자가 되어라.
> 그러면 아무도 당신을 신발 관리자로 내버려 두지 않는다."

일본 전통식 호텔이나 고급 요릿집에는 손님이 찾아오면 신발을 보관했다가 손님이 돌아갈 때 꺼내주는 신발 관리 담당자가 있다. 이 '신발 관리'는 말단이 하는 업무의 대명사로 불린다.

하지만 조금 다른 관점에서 생각해보자. 신발 관리자는 손님을 가장 먼저 맞이하는 직원이다. 손님은 직원들이 신발을 어떻게 다루고 언제 건네주는지를 보면서 그들의 마음 씀씀이와 배려를 느낀다.

신발을 관리하라는 지시를 받았을 때 '재미없는 일이구먼'이라고 못마땅하게 여기며 손님의 신발을 함부로 다루는 사람이 과연 중요한 일을 맡아 끝까지 책임질 수 있을까? 반대로 객실로 안내 받은 손님이 입을 모아 "이 직원은 언제 와도 친절하네요"라고 칭찬하면 총책임자도 담당 직원을 신발 관리자로 두기 아깝다고 생각할 것이다.

누군가가 복사를 부탁한다면 문서의 모서리까지 딱 맞춰서 건네자. 자료 수집을 맡긴다면 인덱스용 접착 메모지를 활용해 상대가 보기 편하게 정리하자. 바빠서 허둥대는 직원이 보인다면 재빠르게 다가가 "제가 뭐 도와드릴 일은 없나요?"라고 묻자. **잡무만으로 상사나 선배의 입에서 "저 녀석 일할 줄 아네" 하는 감탄이 나오게 만든다면 합격이다.**

18

일을 게임화하자

　우리 회사 직원인 B는 인턴 기간이 끝난 후 그대로 채용된 뛰어난 엔지니어다. 그는 일 처리가 빠를 뿐 아니라 집중력을 오래 유지한다. 나는 B가 원래 그런 성격인 줄 알았는데 알고 보니 그렇지 않았다. 그의 말에 따르면 인턴으로 일하던 때 '스스로 일을 대하는 사고방식을 바꿨다'고 한다.

　인턴은 기껏해야 한 주에 3~4일 정도만 출근하므로 단순 작업만을 맡긴다. 어느 회사에서든 사정은 비슷할 것이다. 우리는 B에게 웹 페이지 제작을 위한 HTML 수정 작업을 맡겼다.

'이렇게 지루한 작업을 하라니!'

처음에는 이렇게 생각했다고 한다. 웹 페이지 안에 숨은 문자와 기호의 배열을 하염없이 읽고 타닥타닥 키보드를 두드려가며 시킨 대로 수정만 하면 되는 일이니 그럴 만도 하다. 하지만 분명 중요한 작업이고 맡은 이상 그가 책임지고 해내야 하는 업무다.

그것을 깨달은 B는 일이 재미있다거나 재미없다는 생각 자체를 그만두었다. 그리고 스마트폰의 스톱워치로 시간을 재면서 **'얼마나 빠른 속도로 작업을 해내는가'에 도전하기로 했다.**

'이번에는 ○분만에 완성했다. 이다음 작업은 ○분을 목표로 하자!'
'아까워! 기록을 깨지 못했어. 어디에서 시간을 허비한 걸까?'
'이런. 이 부분이 누락되었네. 이러면 빨리 한 의미가 없지.'
'이렇게 하면 ○초는 더 단축할 수 있지 않을까? 좋아, 해보자!'

기록을 경신한다고 해도 상금이 나오지는 않는다. 누군가의 축하를 받을 수 있는 것도 아니다. 애초에 B가 그런 식으로 시간을 재며 일한다는 사실 자체를 아는 이가 없었으니 말이다. 알아주는 이가 있든 없든 B는 맡은 일에 열중했다. 마치 **게임을 하듯이 '자신과의 싸움'에 몰입했다.** 작업하는 속도는 하루가 다르게 빨라져 직원들이 술렁거릴 정도였다.

이쯤 되면 팀원들은 다른 일을 더 맡기려 할 것이다. 경영자도 성장해가는 그의 모습이 궁금해 채용을 고려하지 않을 수 없다. B는 누군가에게 '칭찬받고 싶다'거나 '인정받고 싶다'는 생각에서 벗어나 일 자체를 온전히 즐겼을 뿐이다. 그런데 정신이 들고 보니 주위의 평판은 치솟아 있었다.

단순 작업은 지루하다고 느끼는 순간, 무심코 자꾸 뒤로 미루게 된다. 그럴 때 스톱워치를 켜두고 기록 경신을 목표로 시간을 재면서 작업하면 순식간에 끝낼 수 있다.

19

돈 아끼지 말고 로봇 청소기를 사자

'단순 작업을 할 때는 기록 경신을 목표로 하면 빨리 끝낼 수 있다'는 이야기를 계속해보자.

스포츠에서 기록을 경신하려면 같은 조건에서 도전해야 의미가 있다. 달리기를 예로 들자면, 같은 코스로 같은 거리를 달려야만 '과거의 기록을 뛰어넘었다'고 말할 수 있다. 어제는 운동화를 신었는데 오늘은 롤러스케이트를 신고 달려서 신기록이 나왔다면 그 결과에 순순히 기뻐할 수 없다.

하지만 일을 할 때는 이런 규칙이 적용되지 않는다.

어제와 다른 방법을 쓰든 기계를 이용하든 다른 사람에게 부탁을 하든 상관없다. 치명적인 실수나 누락만 없다면 빨리 끝내는 사람이 승자다. 다음과 같은 기록 경신도 인정된다.

- 그제는 문서를 차례대로 한 부씩 복사하고 스테이플러로 철했더니 10분이 걸렸다.
- 어제는 필요한 부수 전체를 복사하고 나서 한 번에 스테이플러로 철했더니 5분 만에 끝났다.
- 오늘은 복사기의 분류 기능과 스테이플러 기능을 이용해서 3분 만에 끝냈다.

지극히 당연한 이야기라고 생각할지도 모르겠다. 하지만 어떤 이들은 '땀 흘려 고생할수록 가치가 있다'와 같은 이상한 논리를 들면서, 일을 빨리 끝내는 것보다 수고를 아끼지 않는 편이 더 가치 있다고 착각한다. 목적과 수단을 제대로 보지 못하기 때문이다.

장인이나 예술가의 세계라면 어떨지 몰라도, **비즈니스의 세계에서는 속도가 완성도를 결정한다.** 주어진 일을 빠르고 정확하게 처리하는 것이 곧 정의다. 일 하나를 빨리 마무리하면 그만큼 일찍 다음 일을 시작할 수 있다. 당연히 결과적으로 더 많은 일을 처리할 수 있는 것이다.

누구나 몸 편히 짧게 일하고 조금이라도 일찍 퇴근하고 싶어 한다. 이런 절실한 마음이 사회를 발전시키고 세상을 편리하게 만들어 왔다고 해도 결코 과언이 아니다. 따라서 이는 단순 작업뿐 아니라 일상의 모든 일을 할 때 중시해야 할 가치관이다.

시간 단축의 연장선상에서 이야기하자면, 비용 대비 효과가 뛰어난 일에는 아끼지 말고 투자할 필요가 있다. 예를 들어, 도시 한복판에서 근무하는 사람은 설령 월세가 30%쯤 높더라도 직장 근처로 방을 얻어야 한다. 집에는 식기 세척기, 로봇 청소기, 의류 건조기라는 '세 가지 보물'을 갖추자.

없어도 생활에 지장은 없지만, 있으면 집안일에 들이는 시간이 큰 폭으로 줄어든다. 그렇게 생긴 여유 시간에 일을 해야 한다는 둥 식상한 이야기를 늘어놓을 생각은 없다. 번거로운 집안일에서 벗어나 편히 쉬며 여가를 즐기면 그만큼 업무 시간을 더 충실히 보낼 수 있다. 이른바 '**워라밸**Work and Life Balance'이 눈에 띄게 상승한다. **직장에서든 집에서든 '시간은 금'이라는 사실을 기억하자.**

20

큰일은
작은 일로 분해하라

 큰일을 눈앞에 두면 이 일을 전부 해야 한다는 막막함에 주춤하게 된다. 이럴 때 큰일을 못 본 척하고 간단히 해치울 수 있는 다른 일에 먼저 손을 대지는 않는가? 큰일을 시작하기에는 아직 의욕이 부족하다는 말도 안 되는 이유를 들어가며 뒤로 미루는 사람도 있다.

 당연한 소리지만, 해야 할 일을 못 본 척하거나 미루면 일은 조금도 진행되지 않는다. 기다린다고 해서 의욕이 생길 리도 만무하다. 오히려 시간이 모자라 급박한 상황에 처하고 말 것이다. 이래서는 자기 자신을 궁지로 몰아넣는 것밖에 안 된다.

  누군가가 "어서 드세요"라며 거대한 참치 한 마리를 눈앞에 던져 놓았다고 가정해보자. 많은 사람이 처음에는 어떻게 해야 좋을지 몰라 당황한다. 하지만 곧 냉정을 되찾고 대책을 마련하기 위해 고민한다. 결론이 나오면 먼저 칼로 거대한 참치를 해체하고 손질한 다음 먹기 쉬운 크기로 자를 것이다.
  전부 몇 접시가 나올지는 정확히 알 수 없지만, 다 먹으려면 어떤 과정을 거쳐야 하는지 머릿속으로 그려보기 시작한다.

'물리적으로 혼자서 다 먹는 것은 불가능해.
다른 사람에게 같이 먹어달라고 해야겠다.'
'이 부위는 특히 빨리 상하니까 가장 먼저 먹자.'
'하루에 먹을 수 있는 양은 이 정도니까,
다 먹으려면 ○○일 정도 걸리겠구나.'

  이 중 '다른 사람에게 같이 먹어달라고 부탁하는 일', 즉 **업무 분담을 가장 먼저 해야 한다**. 단, 신선도가 떨어져 유통기한이 얼마 남지 않은 상태에서 일을 넘기는 것은 실례이다. 게다가 갑자기 주면 상대도 사정이 생겨 '받을 수 없다'고 거절할지도 모른다.
  중대하고 버거운 일을 맡았을 때도 같은 방식으로 진행하자.

우선 주어진 일을 몇 개의 큰 덩어리로 분류한 다음 **다른 사람에게 맡길 일**'과 '**스스로 해야 할 일**'을 구분한다. '스스로 해야 할 일' 중에서는 바로 손대지 않으면 문제가 생길 만한 일부터 차례대로 시작하고, 나머지는 일정에 따라 차분하게 하나씩 처리하자.

작업 메모 떼는 행위를 즐기자

일은 눈에 보이는 참치와 달리 구체적이지 않은 경우가 대부분이다. 이때 **'눈에 보이는 표식'**을 만들면 일하기가 수월해진다.

우선 미리 분류한 큰 덩어리마다 붙일 각기 다른 색의 점착 메모지를 준비한다. 그런 후 메모지에 해야 할 구체적인 작업을 하나씩 적어 컴퓨터 모니터 테두리에 줄지어 붙인다.

그리고 나서 작업을 하나 완료할 때마다 메모지를 떼어서 버리자. 모니터를 빙 둘러싸고 있던 메모지가 하나씩 줄어가는 모습을 보면 일이 얼마나 진행되었는지를 명확하게 파악할 수 있다.

일이 어느 정도 진행되면, 메모지를 떼어내는 행위 자체에 기쁨을 느낀다. 이는 마치 성과에 따른 보상을 받았을 때의 기분과 비슷하다. '더 떼고 싶다'는 욕구는 '일을 계속 진행하고 싶다'는 의욕의 원천이 되어 줄 것이다.

제3장

일 잘하는 사람의 시간 절약법

21

식사 자리 후의 감사 인사는 귀갓길에 전한다

 처음에는 분명 가볍고 사소했던 일도 뒤로 미루면 미룰수록 점점 무거운 짐이 된다. 그러니 바로 해치우는 편이 낫다. 그 대표적인 예가 바로 **'식사 자리 후의 감사 인사'**다.

 가장 간단한 방법은 귀갓길의 전철이나 택시 안에서 SNS나 스마트폰 메신저로 감사하는 마음을 전하는 것이다. 메시지는 상대방이 집에 도착하기 전에 보내는 것이 바람직하므로, 식사 직후 30분에서 1시간 내가 적당하다.

"오늘 감사했습니다. 덕분에 정말 즐거웠고 많은 도움이 되었습니다. 앞으로도 잘 부탁드립니다. 실례를 무릅쓰고 이렇게나마 먼저 감사 인사를 전합니다."

메시지는 이 정도면 충분하다.

'중요한 상대에게 SNS나 스마트폰 메신저로 메시지를 보내도 되나?'라고 걱정할지도 모르겠으나, 이런 경우에는 오히려 그러는 편이 낫다. **'실례를 무릅쓰고'**라는 문구에서 **'감사하는 마음을 당장 전하고 싶어서 급하게 SNS로 보낸다'**와 같은 마음이 느껴지기 때문이다.

식사를 하면서 마음을 터놓고 대화를 나누었다면 친밀도는 여전히 높은 상태다. 감정이 사그라들기 전에 감사 인사를 받는다면 상대 역시 '기분이 꽤 좋았나 보네. 시간을 낸 보람이 있군'이라고 긍정적으로 받아들일 것이다. 그러고 나서 간단히 '저야말로!'라고만 보내도 깔끔하게 대화를 종료할 수 있다.

단, 이 방법은 이미 상대방과 SNS나 스마트폰상에 서로 친구로 등록되어 있고, 평소 이를 이용해 업무 관련 연락을 주고받는 사이일 경우에만 가능한 전략이다. SNS나 스마트폰 메신저를 사적인 용도로만 사용하는 사람도 있으니 주의해야 한다.

이메일로 감사 인사를 전하는 방법도 괜찮지만, 상대가 읽는 시점은 다음 날이 될지도 모른다. 하룻밤 자고 일어나면 전날의 들뜬 감정도 가라앉기 마련이다. 그것을 고려해 이메일을 보낼 때도 대화를 되짚어본 후 격식을 갖춰서 '어떤 이야기가 즐거웠는지', '어떤 부분이 도움이 되었는지'를 구체적으로 적어야 할 듯한 기분이 든다. 상대도 '저야말로!'라고 한마디만 적어서 답장을 보내기에는 체면이 서지 않으니 어떻게든 몇 줄은 채워야 한다는 부담을 느낀다.

그러면 감사 인사를 보내고도 상대에게 귀찮다는 이미지를 남기게 되는 셈이니 좋을 것이 없다.

식사 후 며칠이나 지난 시점이라면, 모처럼 잡은 식사 자리는 완전히 '과거의 사건'이 되어 버린다. 날이 밝고 심지어 며칠이 지났다면 업무 관련으로 연락할 일도 생긴다. 이메일을 보낼 때도 '지난번에는 감사했습니다. 그런데…' 같은 문장으로 운을 뗄 수밖에 없다. 이렇게 되면 용건은 따로 있고 감사 인사는 하지 않은 것이나 마찬가지다.

  만회할 방법이 아예 없지는 않다. **자필로 식사 자리에 대한 감사 인사를 적어서 우편으로 보내보자.** 보기 드문 일이므로 상대는 '일부러 이렇게까지 보내주다니' 하고 조금 감동할 것이다.

  식사 직후라면 단 몇 글자의 메시지로 끝날 일도 며칠이 지나면 자필 편지를 써야 하는 지경에 이른다. 일 처리가 빠른 사람이라면 어떤 선택을 할까? 말하지 않아도 알 것이라 믿는다.

22

이메일 답장은 최대한 빨리 보내라

　이메일로 들어오는 업무 의뢰나 문의는 긴급하지 않은 경우가 대부분이다. 급한 용건이라면 우선 전화로 연락이 오기 때문이다. 그래서 이메일 답장은 나중에 보내도 당장 일에 지장이 생기지는 않는다. 하지만 **일 잘하는 사람은 거의 예외 없이 이메일 답장도 신속하게 처리한다.** 업무 의뢰나 문의에 대한 구체적 답변을 하기 전에 언제까지 연락하겠다고 미리 알리는 답장이 오기도 한다. 자신이 이메일을 보내고 답장을 기다리는 입장이라면, 이러한 알림 메일 한 통만으로도 꽤 마음이 편하지 않겠는가?

확인 메일을 우선 보내자

이메일로 문의할 때는 즉각적인 답변을 기대하지 않는다. 하지만 '읽음' 표시가 뜨는 스마트폰 메신저와 달리 이메일은 수신 확인이 되지 않는 경우도 있으므로, 상대가 이메일을 읽기는 했을지 염려될 수밖에 없다.

'혹시 해외로 출장 중이라 몇 주 뒤에 귀국해서 확인하면 어쩌지?'라고 걱정하면서 아슬아슬한 날짜까지 기다리다가 '아쉽게도 이번에는 어려울 것 같습니다'라는 답장이 온다면 그때는 손쓸 방법이 없다.

지금은 이렇게 말하지만, 나 역시 새내기 변호사 시절에는 이메일 답장을 보내기까지 하루, 이틀은 예사로 걸렸다. '다음 주 월요일까지 훑어봐 달라'는 의뢰 메일이 오면 월요일에 답장을 보내도 충분하다고 판단했다.

법률의 세계에서는 속도보다 정확성을 중시한다고 말했지만, 이 경우에는 이런 변명도 통하지 않는다. '혹시 지난번에 이메일 드렸는데, 받아보지 못하셨나요?'라는 문의를 다시 받고 머쓱했던 적도 한두 번이 아니기 때문이다.

일 처리가 빠른 사람은 언제나 상대의 입장에서 생각할 줄 안다.

그래서 바로 확답할 수 없는 상황이라면 '보내주신 메일은 잘 읽었습니다'라는 식으로 일단 확인했다는 답장을 보낸다. 그리고 '언제까지 답변드리겠습니다'라고 덧붙인다. 스스로 마감일을 설정해 한없이 미루는 일이 없도록 만든다. 본인이 직접 '내일 아침까지'라고 약속했다면 다음 날 오전 9시까지는 답을 보내야 신뢰가 쌓인다.

- 보내신 메일 확인했습니다. 검토해서 내일까지 답변드리겠습니다.
- 지금은 외근 중이라 사무실로 돌아가는 대로 상세 내용을 확인해서 다시 연락드리겠습니다.
- 말씀은 잘 알겠습니다. 답변은 월요일에 드려도 될까요?

이는 농구 경기에서 빠르게 공을 패스하는 감각과 비슷하다. 농구를 잘하는 사람은 공을 받으면 곧바로 다른 사람에게 패스한다. 자신이 공을 쥐고 있는 시간, 다시 말해 일을 떠안고 있는 시간을 최대한 줄이기 위해서다.

이런 사람이 팀원으로 들어오면 팀 전체의 일 처리 속도가 빨라진다. 결정이 필요한 사안에 대한 판단이 빠르게 이루어져 일이 착착 되는 것이다. 지금 이 순간 공을 건네받은 당신은 다음 사람에게 패스할 준비가 되어 있는가?

23

이메일을 주고받는 횟수를 줄이자

이메일로 업무 관련 약속을 잡다 보면 답답할 때가 많다.

- 일정상 괜찮으시다면 꼭 한번 뵙고 싶습니다.
  다음 주나 다다음 주 중으로 편하신 날과 장소를 알려주시겠어요?
  가능한 날을 모두 알려주시면 감사하겠습니다.

언뜻 보면 특별히 실례되는 내용이 아닌 것 같다. 하지만 이는 일 처리가 늦는 사람이 보내는 메일의 전형적인 패턴이다.

상대가 이메일에 적힌 내용대로 다음 주와 다다음 주 중 편한 날로 두세 개를 골라 보낸다면, 자신의 일정을 무조건 그날에 맞출 수 있겠는가? 게다가 답장이 바로 올 것이라고 장담하기도 어렵다. 이메일로 연락한 이상, 답이 오지 않아도 꼬박 하루 정도는 기다려야 한다. 만약 상대가 지정한 날과 자신의 일정이 맞지 않는다면 다른 선택지를 알려달라고 다시 부탁하는 수밖에 없다.

"죄송합니다. 다른 괜찮은 날을 알려주실 수 있나요?"

상대방도 시키는 대로 여러 일정을 정해서 알려줬는데 전부 거절당했으니 기분이 썩 좋지는 않을 것이다. 더욱이 답장이 오기 전까지 날짜를 전부 비워두었을 테니 말이다. 그렇다면 어떻게 업무 약속 이메일을 보내야 할까?

일 처리가 빠른 사람은 이런 식으로 이메일을 보낸다.

> 제가 너무 앞서나가는지도 모르겠지만, 혹시 만나 뵐 수 있다면
> ① ○월 ×일 오전 중 ② □월 ◎일 △시 이후 ③ ×월 △일 ○시 이후
> 이 중에서 언제가 편하신가요?
> 괜찮으시다면 제가 사무실로 찾아뵙겠습니다.
> 일정상 모두 어려우시다면 다른 날을 정해서 다시 연락드리겠습니다.
> 혹시 사무실이 아닌 다른 곳이 더 편하시다면 지정해 주시는 장소로 찾아뵙겠습니다.

상대는 제시된 선택지에서 만나기 편한 날을 고르기만 하면 된다. 적당한 날이 없다면 '제시하신 날짜는 전부 시간이 안 되는데, 혹시 ○월 ○일 ○시부터는 어떠신가요?'라고 답장을 보낼지도 모른다. 장소에 대해서도 마찬가지다.

만날 수 있을지 없을지도 모르는 상황에서 일정까지 정해서 제시하는 행동이 실례는 아닐까 우려하는 사람도 있을 수 있다. 그 점이라면 '제가 너무 앞서나가는지도 모르겠지만'과 같은 문구로 '어떻게 해서든 만나고 싶다'는 절실한 마음을 표현한다면 문제없다. 그런 걱정을 하기보다는 **이메일을 주고받는 횟수를 줄여 상대를 배려하는 것이 더 중요하다.**

24

일 잘하는 사람은
이메일을 두 줄만 쓴다

'보고·연락·상의는 업무의 기본'이라는 말이 있다. 그래서인지 업무 관련 이메일을 보낼 때마다 참조 기능을 이용해 모든 연락을 공유하는 직원이 있다. 물론 기본에 충실한 자세는 칭찬할 만하다. 하지만 문제가 생겼을 때 "지난번에 보고 드렸던 건인데요"라는 식으로 책임 회피를 위한 방패로 삼는다면, 이 말의 본질을 잘못 파악한 것이다.

직급이 올라갈수록 판단해야 할 일은 늘어나고 그만큼 '보고·연락·상의' 하는 이메일도 많아진다. 내 계정에는 매일 100통 이상의 이메일이 도착하는데, 이쯤 되면 '사소한 일까지 전부 보고하지 마!'라는 심정이 된다. 상사에게 무엇을 '보고·연락·상의'해야 할지를 판단해 불필요한 이메일이 오가지 않도록 돕는 것도 '일 잘하는 부하'가 갖춰야 할 능력이다.

구체적인 사례를 들어 설명하겠다. 다음은 어느 날, 나와 일 잘하는 직원 C가 주고받은 이메일이다.

 [나] 20일 10시에 K 선생님을 만나 뵙기로 했습니다.
   이날 함께 가야 하니 준비해주세요.
   △△에 관한 자료도 부탁합니다.
 [C] 알겠습니다. 당일에는 정장 차림으로 가겠습니다.
   자료는 10일까지 제출하겠습니다.

이는 매우 높은 점수를 받을 수 있는 답변이다. 우선 '당일에는 정장 차림으로 가겠습니다'라는 대목을 짚고 넘어가자. 나는 평소 후드 티와 베이지색 면바지를 입고 일하지만, K 선생님을 만날 때는 제대로 정장을 갖춰 입는다. C는 그 사실을 이미 알고 있으므로 자신도 정장 차림으로 가겠다고 적은 것이다.

이 한 문장이 없었다면 나는 'C가 기억하고 있으려나?' 하고 불안해하다가 약속 전날이나 전전날 즈음 '그날은 정장을 입고 오세요'라고 연락했을 것이다. 만약 C가 '정장을 입고 가는 편이 좋을까요?'라고 적었다면 나는 '그렇게 해주세요'라고 답장을 보내야 한다. C의 메시지는 이러한 과정을 생략 가능하게 해준다.

다음으로 '자료는 10일까지 제출하겠습니다'라는 문장을 살펴보자. 만나기로 한 날이 20일이므로 열흘 전이면 충분히 이른 시점이다. 실제로 그때까지 제출해 준다면 나는 여유롭게 자료를 체크할 수 있을 뿐 아니라 다른 계획을 세우기도 수월해진다.

C는 '10일까지'라는 이른 날짜를 나에게 보고함으로써 자발적으로 퇴로를 막아 일을 빠르게 처리하려 하고 있다. 나는 C가 10일까지 자료를 제출하지 않은 경우에만 "부탁한 자료는 어떻게 됐어?"라고 물으면 된다. 만약 무슨 문제가 생겨 준비가 덜 되었다고 해도 아직은 시간적인 여유가 있으니 위기관리 차원에서도 안심이 된다.

이메일을 주고받을 때는 길게 미사여구를 늘어놓기보다 어떻게 하면 불필요한 대화를 줄일 수 있을지를 고민하자.

25

이메일의 80%는 '복붙'으로 해결하자

이메일 업무는 긴급성이 낮은데다 복잡하거나 어렵지도 않아서 비교적 손대기 쉬운 부류의 일이다. 하지만 이야기를 들어보면 '귀찮은 마음에 무심코 뒤로 미루게 된다'고 답하는 사람이 적지 않다.

이 경우의 '귀찮다'는 '서툴다'와 비슷한 의미다. 어떤 일에 서툴면 적극적으로 시작할 마음이 들지 않는다. 그렇다고 해서 방치하면 시간이 흐를수록 여유가 사라져 이메일만으로는 해결할 수 없는 일로 변한다.

이처럼 긴급성이 낮고 손이 많이 가지 않는 일도 자꾸만 미루면 '골치 아픈 일'이 되어 버린다.

이메일이 서툰 사람들은 무엇을 어렵다고 느낄까? 보통은 편지도 아니니 용건만 간단히 적으면 된다고 생각하지만, 이들은 이런 이유를 댄다.

"경어에 자신이 없어요."
"적절한 문장이 떠오르지 않아요."

이들에게 "그럼 어떻게 해야 문제를 해결할 수 있다고 생각하나요?"라고 물으면 "일본어 경어능력 검정시험에 도전하겠습니다"라든가 "비즈니스 메일 작성법을 다루는 강의를 듣겠습니다"와 같은 한참 빗나간 '해결책'을 내놓는다.

경어에 자신이 없으면 검색을 하면 된다. 적절한 문장이 떠오르지 않으면 이전에 보냈던 메일을 찾아보자. 이런 일이 처음이 아니라면 분명 과거에 비슷한 내용을 주고받은 적이 있을 것이다. 그것을 찾아 '복사·붙여넣기' 한 후에 필요한 부분만 살짝 바꾸면 된다. 즉, **업무 중 일상적으로 주고받는 이메일의 80% 이상은 일명 '복붙'으로 해결할 수 있다.**

만약 매우 중요한 상대에게 보내는 메일이라 혹시 모를 실수가 걱정되어 '복붙'하기 꺼려진다면, 보내기 전에 선배나 동료에게 실례되는 내용은 없는지 확인을 부탁하자. 일을 빨리 끝내고 싶다면 방법은 얼마든지 있다.

그런데도 '검정시험'이나 '강의'를 진지하게 언급할 정도라면 콤플렉스가 있기 때문이다. 혹은 자존심 때문에 '나 같은 사람이 선뜻 손대지 못할 정도니 간단한 방법으로 해결할 수 있을 리가 없다'라며 강한 척을 하는 것인지도 모르겠다.

이들은 잘하지 못해서 썩 내키지 않는 작업을 생각보다 훨씬 다루기 힘든 일이라 굳게 믿고 '이 정도는 해야 문제를 해결할 수 있다'라며 멋대로 높은 장벽을 설정한다. 그러고는 '쉽게 극복할 수 있는 문제가 아니니 해결하려면 시간이 필요하다'라는 핑계를 대며 미루기를 정당화한다.

이메일 작성뿐 아니라, 대부분의 업무에는 '쉽게 가는 길'이 있으며 우리는 문제 해결을 위해 쉬운 길을 찾아 선택할 수 있다. 콤플렉스나 자존심이 그러한 선택지를 찾지 못하게 가로막는 것인지도 모른다.

26

책이나 자료를 전부 읽을 필요는 없다

 일할 때든 공부할 때든, 정보는 입력 후에 출력된다. 기본적으로 입력되는 정보의 양이 많을수록 정확하게 출력할 수 있으므로 책이나 자료는 많이 읽을수록 좋다. 그런데 같은 분량을 읽어도 지나치게 많은 시간이 걸리는 사람이 있다. 회사에 그런 직원이 있어서 혹시나 싶어 물어본 적이 있다.

"혹시 전체를 다 읽고 있어?"
"네, 자료를 읽어두라고 하셨잖아요."

"그러긴 했지만, 건너뛰면서 읽지 않는 거야?"
"네? 어떻게 건너뛰면서 읽죠?"
"뭐? 지금까지 한 번도 해본 적이 없다는 말이야?"

깜짝 놀라 다른 직원들에게도 물어보니 그렇게 해본 적이 없다고 답한 사람이 꽤 있었다. 자신의 상식이 곧 사회의 상식은 아니라는 사실을 깨달은 순간이었다.

필요한 부분을 선별해가며 읽자

건너뛰며 읽기란 자신에게 필요한 부분만을 선별해서 읽는 방식을 말한다. 문서가 아무리 두꺼워도 필요 없는 부분은 읽어봤자 소용없다. **효율적으로 읽으려면 자신에게 필요한 정보가 어디에 있는지를 재빠르게 파악해야 한다.**

비즈니스 관련 서적은 목차를 보면 어디에 무엇이 적혀 있는지 알 수 있다. 필요한 내용이 3장에 있다면 1, 2장은 휙휙 넘기며 훑고 3장을 집중해서 정독하면 된다. 4장부터는 '관련 정보가 더 있으면 좋고 아니면 말고'라는 마음으로 대충 훑는다. 4장에서 별다른 소득을 얻지 못했다면 그 뒤는 읽지 않아도 상관없다.

사업계획서라면 사업계획의 요점을 정리한 도입부의 개요서 부분을 읽는다. 대개의 경우 뒤쪽까지 세세하게 읽을 필요가 없다. 사업보고서라면 맨 앞쪽에 적힌 해당 업계에 대한 전체적인 설명과 평소 관심 있던 분야의 사업 전략을 읽는 정도로 충분하다.

법률의 경우라면 제1조에서는 목적, 제2조에서는 정의를 다루고 관련 내용이 죽 이어지다가 마지막은 벌칙으로 끝난다. 중요한 내용은 대체로 제10조~제20조 정도에 실려 있다.

이런 식으로 책이나 각종 문서에는 장르별로 특정한 구조가 반복된다. 그래서 어느 정도 익숙해지면 필요한 내용이 어디에 실렸는지를 바로 찾을 수 있으니 그 부분만 읽으면 된다.

 '당장 필요하지는 않지만 읽어두면 언젠가 도움이 되지 않을까?'라고 생각하는 사람도 있을지 모르겠다. 하지만 필요해지면 다시 읽으면 된다. 인상에 강렬하게 남을 정도로 재미있는 내용이 아니라면 어차피 읽어도 금방 잊어버린다. 자신의 기억력에 너무 큰 기대를 걸지 않는 편이 좋다.

 단, 소설만큼은 이런 방식으로 읽지 말자. 결말을 미리 알면 이야기의 흐름이 깨져 흥미진진함이 사라지니 말이다.

27

세 가지로 나눠서 생각하라

일 처리 속도는 생각과 결단의 속도이기도 하다.

전에 근무했던 직장에 모 외국계 컨설팅 기업 출신인 D라는 선배가 있었다. 그는 경이로울 정도로 두뇌 회전이 빠르고 다양한 의견을 정리하는 능력이 뛰어났다. 그래서 회의나 미팅 자리에서는 늘 논의를 중재하고 진행이 원활하도록 돕는 퍼실리테이터 facilitator 역할을 맡았다.

논의가 무르익으면 D는 그 즉시 모두의 의견을 정리하고 결론을 이끌어냈다.

"나올 만한 의견은 다 나온 것 같습니다. 지금까지 나온 의견을 세 가지로 정리하면, 첫째는 ○○, 둘째는 △△, 셋째는 ▢▢입니다. 이를 바탕으로 각자 의견을 말씀해주세요."

"전년 대비 매출액 증가율 ○%를 달성하기 위한 전략은 세 가지로 정리할 수 있습니다. 첫째는 ○○, 둘째는 △△, 셋째는 ▢▢입니다. 각 전략의 실현을 위해 무엇을 하면 좋을지, 구체적 방안에 관한 의견을 부탁드립니다."

그는 적절한 타이밍에 모두의 의견을 취합하고 정리해서 논의를 다음 단계로 진행시킨다. 프레젠테이션을 할 때도 머리에 쏙쏙 들어오도록 요점을 세 가지로 정리한다. 뛰어난 퍼실리테이터가 지휘하니 회의의 흐름도 매끄럽다.

이는 평범한 기술이 아니라는 생각에, 어느 날 선배에게 직접 물어보았다. "어떻게 하면 그렇게 명확하게 의견을 정리할 수 있나요?" 선배의 대답은 다소 충격적이었다.

"그리 대단할 것도 없어.
처음부터 세 가지로 정리해야겠다고 정해놨을 뿐이야.
나는 첫 번째를 말하면서 두 번째를 생각하고,
두 번째를 말하면서 세 번째를 생각해."

무엇이든 세 가지로 정리해서 말하는 그의 습관은 이전에 다니던 모 외국계 컨설팅 회사에서 정한 규칙의 영향 때문이었다. 만약 선택지가 A와 B 두 개뿐이라면, 그는 'A, A-1, B' 또는 'A, B, B-1'과 같이 억지로라도 A나 B를 두 개로 나눠서 총 세 가지로 만든다고 한다.

깨닫고 보니 첫 번째와 세 번째 선택지에서 말하는 바가 실질적으로는 같은 내용이었던 경우도 많았다. 그러나 선배의 이야기를 듣기 전까지는 전혀 알아채지 못했다.

그는 다양한 의견이 나올 때도 어떻게든 세 가지로 분류했다. 선택지가 많을수록 논의가 풍부해진다는 말은 환상에 불과하다. 오히려 선택지가 너무 다양하면 갈피를 잡지 못하고 헤매다가 결국 아무것도 고르지 못한다. 여러 의견을 억지로라도 세 가지 틀에 끼워 넣으면 논의의 방향 또한 명확해진다.

게다가 둘 중 하나를 택해야 하는 상황이라면 '의견이 받아들여진 사람'과 '의견이 받아들여지지 않은 사람'으로 나뉘게 되고, 후자에게는 불만이 남을 수밖에 없다. 하지만 선택지가 세 가지인 경우에는 합의를 이끌어내기 수월한 절충안이 나오기도 한다.

무엇이든 세 가지로 집약하는 습관을 들이면 생각을 정리하기도 쉬워지므로 자신의 의견을 설득력 있게 전달할 수 있다. 열심히 연습해서 꼭 시도해보기 바란다.

28

1차 회식에서 총대를 메고 2차는 빠지자

"회식은 어떻게 거절하면 좋을까요?"

가끔 이런 질문을 받는다. 일을 빨리 끝내려면 당연히 회식도 빠져야 한다고 생각할지도 모르겠다. 하지만 내 생각은 다르다. **회식 자리에는 적극적으로 참여하는 편이 좋다.**

참고로 여기서 말하는 '회식'이란 직장 내의 환영회, 송별회, 뒤풀이와 같은 교류 목적의 모임을 뜻한다. 권력이나 지위를 이용해 강제로 끌고 가려 하는 의미 없는 술자리는 딱 잘라 거절해야 한다.

회식에 참여하면 어떤 이득이 있을까? 한마디로 말해 일에 도움이 된다. 평소 같은 사무실에서 책상을 나란히 하고 있어도 별다른 대화 없이 일만 해서는 서로를 제대로 알기 어렵다. 그런데 회식에서는 상사나 동료의 진솔한 면모를 볼 수 있다. 긴장이 풀린 편한 상태이므로 서로 속내를 터놓기도 하고 그러는 가운데 솔깃한 정보가 흘러들어오기도 한다.

직장 동료는 함께 난관을 극복하고 큰 성과를 목표로 함께 뛰는 팀메이트다. **주어진 일을 자신의 리듬에 맞게 진행하기 위해서라도 서로 간에 이해와 배려는 반드시 필요하다.** 따라서 회식은 소통을 원활히 하고 공동체 의식을 높인다는 점에서도 의미가 있다.

회식을 자신에게 맞춰서 조율하자

하지만 회식은 업무의 연장이기도 하다. 야근 수당도 나오지 않는다. 게다가 과음이라도 해서 다음 날 컨디션이 망가지기라도 하면 큰일이다. 하지만 술자리는 종종 한없이 길어진다. 분위기가 좋은 날일수록 2차에서 3차로 줄줄이 이어지게 마련이다.

그럼 어떻게 하면 친목도 다지고 신뢰도 쌓은 다음, 적당한 타이밍에 마무리 짓고 가장 먼저 귀가할 수 있을까?

정답은 **자진해서 1차 회식의 총대를 메는 것이다.**

회식 총대를 멘 사람은 모두의 일정을 조율하고 식당도 예약해야 하므로 여러모로 힘든 역할이다. 그러니 스스로 하겠다고 나서면 다들 순순히 응할 것이다. 이때 꼼꼼하고 신속하게 일을 진행하면 '저 사람은 이런 일도 척척 해내는구나' 하고 평판이 올라간다.

총대를 멘 사람은 자리 배치에도 관여하므로 술이 들어가면 귀찮게 구는 사람을 처음부터 자신과 멀리 떨어진 자리에 앉힐 수도 있다. 이야깃거리가 떨어지면 "저쪽은 어떤지 잠시 살펴보고 오겠습니다"라는 말과 함께 자리를 자유롭게 바꾸는 것도 총대를 맡은 자의 특권이다.

가능하다면 식당은 들어선 지 2시간쯤 뒤에 마지막 주문을 받는 곳으로 고르자. 예를 들면, 7시에 예약을 했다면 9시쯤 마지막 주문을 받고 늦어도 10시에는 마무리해야 하는 식당이 좋다. 식당 직원에게는 마감 20분 전쯤에 와서 슬슬 자리 정리를 부탁한다는 말을 해달라고 미리 이야기해 두자. 그러면 "식당에서 이제 슬슬 마무리해 달라고 하네요"라고 말하며 1차를 정리할 수 있다.

식당 밖으로 나오면 너 나 할 것 없이 "2차 갈 사람!"이라고 소리 지를 것이다. 그때 "실은 제가 내일 일찍 나와야 해서요. 저는 여기서 이만 실례하겠습니다!"라고 말하자. 총대로서의 역할을 충실히 해냈다면 사람들은 "오늘 수고 많았어요"라고 고마움을 표시하며 흔쾌히 보내줄 것이다. 회식도 마음만 먹으면 얼마든지 자신에게 유리하게 조율할 수 있다.

29

때로는 아날로그가 통한다

　나보다 윗세대의 이야기를 들어보면, 예전에는 비즈니스 현장에서도 손으로 직접 쓴 편지를 보내는 일이 드물지 않았다고 한다. 하지만 요즘은 꽤 중요한 업무 관련 제안이라도 첫 연락은 대부분 이메일로 한다.

　우편은 이메일로 첨부할 수 없는 서명이나 직인이 들어간 서류를 보내야 할 때 정도에나 이용하는데, 일단 모르는 상대에게 우편으로 업무 관련 제의가 오는 경우는 거의 없다. 마지막으로 자필로 쓴 편지를 받아본 지가 언제인지 기억나지 않을 정도다.

상황이 이래서인지, 반대로 자필 편지를 보내면 상대에게 진심이 빠르게 전달되는 경우도 있는 것 같다.

우리 회사에서는 등록된 개인 정보의 이메일 주소를 바탕으로 고객에게 다이렉트 메일을 보낸다. 이메일을 읽고 관심이 생긴 사람들이 연락을 주는데, 답장을 보내는 비율은 기껏해야 한 자릿수에 그친다.

그런데 일전에 손 글씨가 예쁜 직원을 시켜 직접 편지를 써서 보내게 했더니 답장 비율이 약 15%로 놀랄 만큼 향상되었다. 내용은 이메일과 똑같았고, 다른 점이라면 그저 자필로 써서 우편으로 보냈다는 것뿐이었다. 이렇게까지 차이가 난 이유는 무엇일까?

이유는 간단하다. 바로 '**의외성**' 때문이다.

여러 웹 서비스에 가입한 사람들은 비슷한 내용의 이메일을 수없이 받는다. 우리가 보낸 이메일도 쓸어버려야 할 정도로 쌓여 있는 것 중에 한 통일 뿐이다. 그러나 편지를 보내면 우리는 유일무이한 존재가 된다.

> "요즘 세상에 편지를 다 보내네.
> 와, 심지어 직접 손으로 썼어."

손 편지는 강력한 인상을 남겼을 것이다. 물론 답장 비율이 15% 정도이므로, 대다수는 '참, 별난 짓을 하는 회사도 다 있네' 하고 넘겼을 것이다. 하지만 흥미를 갖고 연락을 준 사람도 적지 않다고 생각할 만한 수치다.

다이렉트 메일 마케팅의 목적은 상대에게 강한 인상을 남겨 연락하게 만드는 것이므로 이 시도는 대성공이었다. 사람은 익숙한 일에는 감동하지 않지만, 신선한 경험을 하면 흥미가 솟아나 관심을 보이기 때문이다.

물리적으로는 당연히 이메일이 더 빠르다. 하지만 상대에게 진심을 전한다는 목적을 이루려면 편지가 훨씬 빠를 수도 있다. '급할수록 돌아가라'는 말도 있지 않은가. '이것만큼은 꼭 봐주었으면 좋겠다!' 하는 결정적인 순간에 한번 시도해보자.

30

완벽주의는 미덕이 아니다

혹시 학창 시절에 국사나 세계사 시간에 필기를 예쁘게 하는 편이었는가? 역사적 인물의 얼굴을 비슷하게 그리거나 지도를 상세하게 베끼고 자로 선을 긋고 형광펜으로 표시하며 필기해서, 노트를 본 친구가 "와, 대단하다!" 하고 감탄 적은 없는가?

만약 "예"라고 답한다면 일을 하면서도 필요 이상의 시간을 소모하고 있을 수 있으니 주의해야 한다.

학생이 수업 시간에 필기하는 목적은 무엇일까? 배운 내용을 정리하고 복습할 때, 예를 들면 시험에 출제되었을 때 떠올리기 위해서다. 그 말인즉슨, 노트의 임무는 내용이 머리로 들어온 시점에 끝나므로 그 이후에는 필요가 없다. 심지어 나는 이면지에 휘갈겨서 필기하고 다 외우면 버렸다.

예쁜 노트를 만들기 위해 얼마나 많은 시간을 쏟아부었는가? 원래 쓰면서 외우는 타입이라고 해도 그 정도까지 정성을 들이는 것은 너무 비효율적이다.

노트 필기는 암기를 위한 수단에 불과하다. 그런데 학창 시절의 필기 장인은 이를 목적으로 바꿔서 인식하고 '예쁜 노트'를 만들기 위해 최선을 다한다. 그리고 적지 않은 사람이 사회인이 되어서도 이러한 방식으로 일한다.

완벽주의의 폐해

한번은 이런 일이 있었다. 신사업을 준비하면서 시장의 동향을 살피기 위해 다음 회의 전까지 1,000명을 대상으로 설문 조사를 하기로 결정했다. 그런데 회의 전날이 되었는데도 결과 자료가 올라오지 않았다.

"설문 조사 결과는 아직 멀었어?"라고 묻자, 담당 직원이 난감한 얼굴로 이렇게 답했다.

"아직 자료가 약 600명분밖에 모이지 않아서
아무래도 내일까지는 힘들 것 같아요."

분명 이전 회의에서 '1,000명을 대상으로 설문 조사를 하자'라고 정하기는 했다. 하지만 설문 조사는 신사업의 방향성을 검토하기 위한 '수단'일 뿐이다. '1,000명분을 다 채우지 못했다'는 이유로 올 한 해 사업 계획안에 들어가 있는 신사업의 진행을 미룰 수는 없다.

그렇다면 지금 갖고 있는 600명분의 자료를 분석해서 일을 진행해야 한다. 시장 동향을 파악하기에 부족한 분량이라고 판단되면 다른 보완할 방법이 떠오를 때까지 임시로라도 완성해야 한다. 큰 그림을 그릴 줄 아는 사람이라면 "내일까지는 힘들겠다"라는 답변은 하지 않았을 것이다.

설문 조사를 담당한 직원이 결코 일을 못하는 사람은 아니었다. 오히려 책임감을 갖고 자신에게 주어진 일을 충실히 해내기 위해 애썼다고 봐야 한다. 정성껏 일하는 자세는 물론 칭찬할 만하다. 하지만 정성이 지나치면 때로는 업계에서 뒤처진다. 회사는 구성원 모두가 역할을 분담해서 커다란 목표를 향해 돌진해가는 조직이다.

개개인이 장인 수준의 완벽을 추구하면 일이 진행되질 않는다.

"큰일을 도모하는 자는 작은 일에 연연하지 않는다"라는 말이 있다. **불완전한 요소가 있더라도 일단 달려 나가자. 달리면서 보완하는 요령을 터득하자.**

제4장

일 잘하는 사람의 행동법

31
나만의 '집중 아이템'을 만들자

좀처럼 행동으로 옮기지 못하는 모습을 보고 '엉덩이가 무겁다'라는 표현을 쓰기도 한다. 그러니 엉덩이를 일으키기만 하면 이미 이긴 승부나 마찬가지다.

일은 시작이 반이다. 어쨌든 시작하는 것이 중요하다. 이런저런 핑계를 댈 시간에 그냥 하면 된다는 것쯤은 누구나 안다. 하지만 머리로는 알아도 실제 행동으로 옮기기 어려운 이유는 그만큼 인간이 나약한 탓이다.

'시간이 어중간하네. 기왕이면 깔끔하게 마무리 짓고 싶은데.'
'조금 이르지만 배를 먼저 채우고 나서 오후에 쭉 하는 편이 낫겠다.'
'책상이 지저분하잖아. 깨끗이 정리부터 하고 시작할까.'

이런 식으로 온갖 이유를 만들어가며 해야 할 일을 뒤로 미룬다. 하지만 시간은 늘 어중간하고, 배를 채우면 졸리고, 책상을 깨끗이 정리하고 나면 긴 손톱이 신경 쓰일 것이다. 이래서는 평생 시작하지 못한다.

이럴 때는 '**집중력을 불러오는 루틴**routine'이 있으면 편하다. 루틴이 무엇인지는 굳이 설명하지 않아도 알 것이다. 그래도 덧붙이자면, 특정한 동작이나 행동을 해서 집중력 스위치에 불이 들어오게 만드는 일련의 규칙을 말한다.

메이저리그 출신인 스즈키 이치로 선수는 현역때 타자석에 서면 배트를 수직으로 세워 들고 오른팔을 크게 휘두르는 동작을 취했다. 잡념을 떨쳐내고 공에 온 신경을 집중하기 위해서다.

하지만 사무실에서 이런 독특한 동작을 취하기는 어렵다. 그래서 내가 추천하는 것은 '선두仙豆'다. 선두는 만화《드래곤볼》에 나오는 신비한 콩인데, 이것을 한 알 먹으면 순식간에 체력이 회복된다. 물론 이런 콩이 실제로 존재하지는 않지만, 그와 비슷하게 '한 입 베어 먹으면 그 어떤 귀찮은 일도 바로 시작하게 만들어 주는 마법의 음식'을 정해보면 어떨까?

배부를 정도로 양이 많거나 지나치게 값비싼 것은 바람직하지 않다. 그런 것은 목표를 달성한 뒤에 주는 보상으로 적절하다. 그렇다고 해서 너무 흔한 것으로 정하면 기분이 나지 않는다.

단 음식을 좋아한다면 유명 브랜드의 프리미엄 초콜릿처럼 흔히 먹지 않는 간식을 추천한다. 초콜릿 한 알에 300엔쯤 하니 '이것을 먹었으니 무조건 해야 한다!'라는 기분이 들지 않겠는가?

직장인 중에는 에너지드링크를 마시면 의욕이 솟는다는 사람도 많다. 에너지드링크 특유의 기운을 북돋아 주는 활기찬 광고가 인상에 깊이 남아 있기 때문이 아닐까 싶다. 하지만 실제로 집중에 도움이 되는 성분은 카페인 정도이며 함량도 커피와 비슷하다. 그런데도 유독 기운이 솟아나는 이유는 스스로 그렇게 믿기 때문이다. 믿음의 효과는 그만큼 강력하다.

그러니 꼭 **자신만의 집중 아이템을 만들어보자.**

32

상대를 탓하지 말고 적극적으로 움직여라

일에 차질이 생기는 이유가 반드시 담당 직원의 서툰 일솜씨 때문만은 아니다. 예를 들어, 자신이 담당하는 거래처에서 약속한 날짜가 지났는데도 좀처럼 답변을 보내지 않는 상황이라고 가정해보자. 상사는 이렇게 물을 것이다.

"지난번 그 일은 어떻게 되어 가나?"

"상대측의 답변을 기다리는 중입니다."

"언제쯤 답변을 줄 것 같은가?"

"글쎄요. 그 회사 사정에 달린 일이라 그것까지는 저도 잘…"

이렇게 대답한다면 상사가 "그렇군. 그럼 어쩔 수 없지"라며 순순히 넘어가줄까? 당연히 그럴 리가 없다. 상대에게 분명한 답변을 받지 못한 것이 당신의 일솜씨가 서툴기 때문만은 아닐지도 모른다. 하지만 본인이 담당한 거래처이므로 '상대 회사의 사정' 역시 자신이 관리해야 하는 일이다.

이때 거래처 직원에게 전화해서 "아직 답변을 받지 못했는데 어떻게 되어 가고 있나요? 이러시면 저희도 여러모로 곤란합니다" 하고 상사가 말한 그대로를 읊으며 상대를 탓해서는 절대 안 된다. 상대를 몰아붙여 봤자 아무것도 해결되지 않는다. 이런 경우에는 다음과 같이 생각해보자.

① 답변이 늦어지는 이유는 무엇인가?
② 문제를 해결하려면 우리 측에서 무엇을 해야 하는가?

만약 거래처의 결재권을 가진 책임자가 제안한 프로젝트의 효과에 의문을 품고 있다면 더 구체적인 자료를 모아야 한다. 전체적인 이미지가 그려지지 않아서 망설여진다고 하면 시각 자료를 활용해 완성 예상도를 만들어야 한다. 답변이 늦어지는 이유를 안다면 여러 가지 손쓸 방법을 찾아볼 수 있다.

거래처의 담당 직원도 난관에 부딪혀 곤란한 상황인지도 모른다. 그런데 거기다 대고 "저희도 곤란합니다"라고 재촉하면 누구나 신경이 곤두설 것이다. 하지만 "문제가 있으면 도울 테니, 저희가 할 수 있는 일이 있다면 알려주세요!"라는 적극적인 태도로 나온다면 어떨까? 신뢰 관계가 굳건해져 거래처도 프로젝트가 성사되도록 더욱 힘써줄 것이다.

일 처리가 서툰 사람일수록 '지금 내 손 안에 없는 공은 내 책임이 아니다'라는 마인드로 일한다. 상대에게 공을 넘기고 나면 더 이상 자신의 책임이 아니라고 생각하며 적극적으로 움직이려 하지 않는다.

그러나 자신의 게으름과 무책임함은 결국 자신에게 돌아온다. 거래처의 답변이 며칠 늦는다고 해서 최종 마감일이 변경될 리는 없다. 결과적으로 빠듯한 일정에 치여 가며 업무에 시달리게 될 사람은 자기 자신이다.

33

일 떠넘기는 상사를 다루는 법

"책임은 내가 질 테니, 마음대로 해봐." 이렇게 말해주는 '형님 타입'의 상사는 의지가 된다. 이런 사람은 부하 직원이 성장할 수 있도록 실력이나 경력에 맞는 일을 맡긴다. 평소에는 뒤에서 지켜보다가도 만일의 경우에는 적절하게 도움을 준다.

반면에 마음대로 해보라고 말을 하긴 하지만, 실상은 그저 귀찮거나 의욕이 없어서 다른 사람에게 '일을 떠넘기는 상사'도 있다. 이런 사람은 막상 상황이 불리해지면 "무슨 일을 이렇게 처리해!", "뭐? 언제 그렇게 말했어!"라고 질책하며 알아서 책임지라는 식으로 나온다. 그렇다고 상사를 마음대로 고를 수도 없는 노릇이니 본인 스스로 해나가는 수밖에 없다.

'일을 떠넘기는 상사'를 대비해 다음과 같은 대책을 마련하자.

① 몇 가지 선택지를 제시해서 상사가 직접 고르게 한다.
② 하나하나 집요하게 확인을 받아가며 진행한다.
③ 진행 상황을 부서 전체와 공유한다.

예를 들어, 회의 날짜를 정해야 한다면 "○일 오후로 할까요?"가 아니라 "○일 오전과 ○일 오후 중 어느 쪽으로 할까요?"라고 묻자. 선택지는 둘 다 자신이 편한 날로 골라도 상관없다. 최종 선택을 상사에게 맡기는 것이 중요하다. 사람은 타인이 정한 대로 따르라고 하면 별것 아닌 일에도 불만을 품지만, 자신이 결정에 관여한 일이라면 쉽사리 뒤엎지 못한다.

게다가 설령 "마음대로 해봐"라는 허가가 떨어졌다고 해도, 상식적으로 조직의 일원으로 일하는 이상 완전한 자유행동은 있을 수 없다. 상사가 묻지 않아도 알아서 진행 상황을 성실하게 보고하면 처음부터 다시 작업해야 하는 상황은 줄어든다.

보고할 때는 메일의 참조 기능을 이용해 부서 전체와 내용을 공유하고 그때마다 동의를 받고 넘어가자. 이는 어디까지나 '책임

전가'를 막기 위한 절차다. "○○라고 말씀하셨잖아요"라고 반론하기 위한 '증거'를 만드는 작업이 아니니 착각해서는 안 된다.

일을 진행하다가 상황이 달라지면 당연히 결정도 바뀔 수 있다. 상사가 일하는 방식이 그렇다면 받아들여야 한다. 하지만 흐름을 지켜보다가 불합리하게 책임을 전가한다면, 주변 사람들은 당신의 난처한 상황을 이해하고 도와줄 것이다.

34

시시콜콜 간섭하는 상사에게 대응하는 법

 일을 떠넘기는 상사는 다루기 쉽지 않지만, 어떻게 대처하느냐에 따라 얼마든지 상황을 자신에게 유리하게 만들 수 있다. 그와는 반대로 모든 일에 시시콜콜 간섭하는 **'마이크로 매니지먼트형 상사'**가 있다. 이런 상사와 일하는 것은 정말이지 쉽지 않다.

 내 지인이 예전에 극심한 마이크로 매니지먼트형 상사를 겪은 적이 있다. 어느 날은 애써 회의에 참석할 사람들의 일정을 조율하고 장소를 확보해서 보고서를 제출했더니 "좌석 배치도가 없잖아!"라며 크게 호통을 쳤다고 한다. 수차례나 퇴짜를 맞고 겨우 좌석 배치도를 확정하자 이번에는 "당일에 먹을 도시락 반찬이 뭔지 알아놓지 않은 거야?"라며 화를 낸다. 그러더니 몇 분 후에는 "그거, 정해졌어?"라고 묻는다. 이런 상사의 생각을 앞지르는 것은 불가능에 가깝다.

함께 일하다 보면 '너무 시시콜콜 간섭해서 못 해먹겠다!'라는 마음이 절로 들 것이다. 하지만 유감스럽게도 직장인은 상사를 마음대로 고를 수 없다. **상사의 업무 스타일이 그렇다면 따라야 한다.**

이런 경우라면 상사가 "다 됐어?"라고 묻기 전에 자료를 제출하고, 트집 잡히지 않을 만큼 완벽한 일 처리를 목표로 하는 수밖에 없다. 하지만 아무리 상사의 지시라 해도 물리적으로 불가능한 일은 어쩔 수 없다.

까다로운 상사에게는 끈질기게 대응하자

또 다른 지인이 겪은 일이다. 어느 날, 그는 회의 시작 30분 전에 수십 명의 참가자를 위해 준비한 몇 백 페이지에 달하는 회의 자료 중 열 페이지를 교체하라는 지시를 받았다. 회의 자료는 사전에 여러 번 퇴고하고 최종 결재를 받아 컬러로 양면 인쇄해서 단단하게 철해 놓은 상태였다. 심지어 내용에 결정적인 오류가 있는 것도 아니었다. 그저 회의 직전에 다시 살펴보니 상사의 눈에 조금 거슬리는 부분이 있었던 모양이다.

이때 "그건 불가능합니다"라거나 "이 내용으로 최종 진행하라고 말씀하지 않으셨습니까"라는 식으로 대응한다면 단순한 말대꾸로 비춰질 수 있다. 상사는 자신이 직접 복사할 일이 거의 없어서인지 열 페이지를 교체하는 데 10분 정도면 충분하다고 진심으로 생각하는 것 같았다고 한다. 그는 차분하게 이론적으로 왜 불가능한지를 설명했다.

"이건 양면 복사라서 한 장을 복사하는 데 ○초가 걸립니다.

오늘 회의에 참가하는 인원은 ○명이므로 교체할 분량을 새로 인쇄하려면 ○분이 걸립니다. 그리고 철해 놓은 자료를 분해해서 해당 페이지를 교체하는 데 ○분, 다시 철하는 데 ○분이 걸립니다.

따라서 회의 시작 전까지는 도저히 완성할 수 없습니다.

일부가 누락되거나 페이지가 뒤섞일 우려도 있습니다."

이렇게까지 설명하고 나서야 겨우 "그렇다면 어쩔 수 없군"이라는 답변을 받아냈다. 상사의 성격이 나빠서 그런 지시를 한 것이 아니다. 그저 완벽주의 성향이 지나치게 강한 탓에 전체적인 상황을 헤아리는 능력이 조금 부족한 것뿐인지도 모른다. 이런 성향의 사람을 상대로 자신의 입장을 피력하고, 설득하려면 상당한 수준의 커뮤니케이션 능력이 필요하다.

마이크로 매니지먼트형 상사와 함께 일하는 동안은 고생스럽겠지만, **'상대의 의도를 예측하는 게임'**이라 여기고 '빠르고 정확하게 일 처리하는 능력'을 기르는 시간으로 삼자.

35

자신을 궁지로 몰아넣어라

집중력이 올라가는 동안에는 그 기세를 몰아 일 처리 속도도 빨라진다. 하지만 집중력이 정점을 찍고 내려오기 시작하면, 바로 그 순간부터 주변의 방해나 소음에 취약해진다.

'살짝 허기가 지네. 오늘 점심에는 뭘 먹을까?'
'목이 좀 칼칼한데, 물 한잔 마시고 할까?'
'아, 화장실 가고 싶다.'

시작은 작은 구름이었다 해도, 그것의 존재를 깨닫는 순간 의식의 대부분은 거대한 먹구름으로 뒤덮인다. 위가 움직이기 시작하는지 배에서 꼬르륵 소리가 나고, 목은 바짝 말라서 수분을 원하고, 화장실에 가고 싶어서 안절부절못한다. 대다수는 그러한 신호가 오면 손을 멈추고 잠시 쉬어가기로 마음먹는다. 그러나 이때, **집중력을 태우고 남은 재를 긁어모으면 다시 한 번 의욕을 끌어올릴 수 있다.**

'한 페이지만 더 하고 점심 먹자.'
'이메일 답장을 한 통 보내고 나서 물을 마시자.'
'이 문서를 확인해서 결재까지 마친 다음 화장실에 가야지.'

이처럼 지금 당장 하고 싶은 일을 스스로에게 '보상'으로 제시해 눈앞의 작업 하나를 마무리 짓는 원동력으로 삼자. '무조건 여기까지 해야 원하는 것을 얻을 수 있다'라는 규칙을 만들면 느슨해진 마음의 끈이 바짝 당겨진다.

'고작 점심밥, 물, 화장실 따위가 보상이 되겠어?'라는 의문을 품을지도 모르겠다. 하지만 스스로를 궁지로 몰아넣는 이러한 방법은 의외로 효과가 좋다. '먹고 싶다', '마시고 싶다', '배설하고 싶다'와 같은 인간의 생리적 욕구나 본능은 매우 강력하기 때문이다.

강력한 보상이 주어지면 약해졌던 집중력이 마지막 한 방울을 쥐어짜듯 되살아난다. 결승선을 향해 쓰러지듯 달려가는 마라톤 선수처럼 최선을 다해 임무를 완수해낼 수 있도록 말이다. 긴장 뒤에 오는 완화, 인내 뒤에 오는 보상은 몇 배의 쾌감을 가져다준다.

 생리적 욕구를 보상으로 활용할 수 있다는 사실을 알게 되면, 평소처럼 점심을 먹고 물을 마시고 화장실에 가서 볼일을 보는 것이 아까워진다. 그래서 나는 낮 12시 정각에 점심을 먹는 일이 거의 없다. 화장실도 늘 다급하게 뛰어간다. 혹시나 해서 덧붙이지만, 이제까지 작업을 마무리하지 못해서 미처 화장실까지 가지 못한 채 실례한 적은 없다.

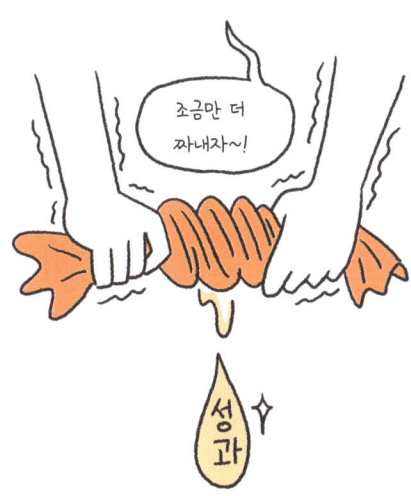

단, 같은 생리적 욕구라도 수면 욕구만은 보상으로 쓸 수 없다. 졸음을 쫓아가며 억지로 일하면 속도가 나지 않고 겨우 한다고 해도 실수투성이라 어차피 다시 해야 한다. 졸음이 몰려올 때는 책상에 푹 엎드려서 15분이라도 선잠을 자는 편이 훨씬 낫다.

36

제출 기한은
스스로 정하자

일에는 반드시 기한이 있다. 상사가 월요일 프레젠테이션에 쓸 자료를 만들어두라고 지시한다면 언제까지 제출하겠는가?

변호사로 일하던 시절의 나는 '월요일에 쓸 자료라면 당일 아침까지만 준비하면 되겠군. 시간을 들여서 완벽하게 마무리하자'라고 생각하는 편이었다. 하지만 이는 정확성을 더 중시하는 변호사 업계이기에 가능한 일이었다.

반면, 대부분의 업계에서는 속도를 더 중시한다. 다소의 누락이

나 오류가 있더라도 나중에 수정을 거치면 정확성과 완성도는 높일 수 있기 때문이다. 자신의 결과물에 지나친 확신을 가지면 오류가 있어도 쉽게 발견하지 못한다. 그러니 어느 정도 했으면 조금이라도 빨리 상사나 선배에게 확인을 받아야 한다.

"언제까지 제출하면 될까요?"라고 상사에게 물으면 간단하긴 하다. 그러면 "금요일 오전까지"라는 식의 답변이 돌아올 것이다. 하지만 이러면 불필요한 대화의 횟수만 추가된다. 만약 이메일로 문의한다면 최소 몇 분에서 몇 십 분은 낭비다. **일을 빠르게 진행하려면 스스로 마감일을 정해서 상대에게 알리자.**

"알겠습니다.
수요일 오후 일찍 제출하겠으니
확인 부탁드립니다."

이것이 모범 답안이다. 상사는 일을 맡기면서 '금요일까지면 되겠군'이라고 생각했을 수도 있다. 만약 그렇다면 '내 예상보다 이틀이나 앞당겨서 제출하겠다니, 여전히 일 처리가 빠르군'이라며 높게 평가할 것이다.

자진해서 수요일까지 제출하겠다고 선언한 이상, 약속을 지키지 않으면 체면이 서지 않는다. 그리고 일을 빨리 마무리해서 나쁠 것은 없다. 제출 기한을 금요일로 잡으면 자료에서 중대한 실수가 발견되었을 경우, 내용을 수정하느라 휴일인 토요일을 반납해야 할 수도 있다. 하지만 수요일에 제출하면 프레젠테이션이 있을 월요일까지는 아직 시간이 충분하다.

   게다가 경험이 부족한 젊은 직원에게는 수시로 잡무가 주어진다. '짬이 날 때 이것 좀 부탁해'라는 말은 좋게 해석하면 '언제 손을 대든 괜찮아'라고 가볍게 말하는 것처럼 들리지만, 사실은 그렇지 않다.

아마도 상대는 간단하고 금방 끝낼 수 있는 작업이라서 이렇게 부탁했을 가능성이 크다. 즉, '짬이 날 때 해주면 된다'라는 말에는 곧장 해서 가져다주기를 바란다는 속내가 담겨 있다.

그런데 이 말을 글자 그대로 받아들여서 짬이 나지 않는다는 이유로 계속 방치해 둔다면 어떻게 될까? 아무리 기다려도 제출하지 않으니, 일을 시킨 상사나 선배는 시간이 흐를수록 복장이 터져 "부탁한 일은 어떻게 됐어?"라고 물을 것이다. 이때 "짬이 나질 않아서 아직 못했습니다"라고 대답한다면 불벼락은 각오해야 한다.

그러니 **가벼운 잡무일수록 미루지 말고 재빠르게 해치우자.**

37

상사를 능숙하게 다루어라

여러분은 칭찬받아야 성장하는 타입인가, 아니면 혼나야 성장하는 타입인가? 이렇게 물으면 대다수가 칭찬받아야 성장한다고 대답한다. 상사의 입장에서 보면, 이런 타입의 부하는 비교적 대응하기 쉽다.

예를 들어, 부하에게 10만큼 일하라고 지시했는데 마감일이 얼마 안 남은 시점에서 8밖에 못한 상황이라고 가정해보자. 이럴 때는 "뭐야, 아직도 8밖에 못했어?"가 아니라 "벌써 8이나 한 거야? 이제 나머지 2만 하면 완벽하네"라는 식으로 말한다. 물론 시작조차 하지 않았거나 마감일이 다 되었는데도 10만큼 해내지 못했다면 주의를 준다.

반대로 혼나야 성장하는 부하에게는 "자네라면 10 정도는 가볍게 해낼 줄 알았는데, 2만큼이나 부족하다니 어떻게 된 거야?"라는 식으로 말한다. 이런 타입의 부하는 실제로 자신이 해낼 수 있다는 사실을 잘 안다. 그래서 지적을 받으면 '큰일이군! 신뢰를 회복해야겠어'라고 스스로 위기감을 부추겨서 해내고 만다.

이 방법들은 상사나 거래처 직원에게도 시도해볼 수 있다. 다시 말해, **일을 수월하게 진행하기 위해 상대가 어떤 타입인지를 파악해서 그것에 맞게 대응하는 것이다.**

상사나 거래처 직원을 빨리 움직이게 만들면 자신이 맡은 일도 빠르게 진행시킬 수 있다. 예를 들어, 칭찬 듣기를 좋아하는 상사에게 빨리 결재 받고 싶다면 "매번 바로바로 확인해 주셔서 업무 처리에 큰 도움이 됩니다. 이번 건도 결재 부탁드립니다"라고 먼저 감사의 말을 건넨 후에 제출하자. 아직 아무것도 하지 않은 상태에서 감사 인사를 먼저 받으면, 사람은 어째서인지 '마음의 빚'을 진 듯한 기분을 느낀다. 결국 상사는 감사 인사와 함께 건네받은 문서를 우선해서 처리하려 할 것이다.

꾸지람 듣기를 좋아하는 상사는 없을 것이므로, 조금 다르지만 지적받기를 좋아하는 상사를 예로 들어보겠다. 이런 타입에게는 "이미 살펴보셨을 것 같은데, 혹시 무슨 문제는 없나요?"라는 식으로 '당신이라면 이미 확인했을 것이다'라는 전제하에 문의하자. 단, 상대를 만만하게 보는 듯한 태도로 비춰지지 않도록 주의해야 한다.

상대가 거래처 직원인 경우에는 어떻게 하면 좋을까? 연혁이 오래된 기업에는 "역시 대단하시네요! 한 수 배웠습니다"라는 식으로 치켜세워야 기분 좋아하는 타입이 많다. 이런 성향의 담당자에게 기획을 제안하는 경우에는 서두에서부터 거대한 비전을 어필해서 "일단 큰 틀은 마음에 드는군"이라는 반응이 나오도록 준비한다.

반대로 신생 기업이나 외국계 기업은 "그런 듣기 좋은 소리는 됐고요, 구체적인 제안서를 가져오세요"라는 반응을 보이는 타입이 많다. 이때 별생각 없이 "그렇죠. 맞는 말씀입니다"라고 안이한 태도로 동조하면 보통은 "구체적으로 어느 부분이 그렇죠? 정말로 맞는 말이라고 생각하세요?"라는 식으로 몰아붙인다.

이런 성향의 담당자에게 기획을 제안할 때는 구체적인 수치를 들어 논리적으로 설득할 수 있는 자료를 준비하자. 앞서 언급했던 '세 가지로 정리해서 말하는 전략'도 효과적이다.

상대의 성향, 상황, 입장을 파악하고 분석해 그에 맞는 적절한 카드를 꺼내자. 이런 기술을 몸에 익히면 마음먹은 대로 상대를 다룰 줄 아는 협상의 달인이 될 수 있다.

38

악마의 접속사, "그런데"

여러분의 상사는 직원들의 말에 귀를 기울이는 타입인가? 아니면 반론은 일절 허용하지 않는 타입인가? 개인차는 있겠지만, 조금 건방져 보이더라도 자신의 의견을 당당하게 말하는 젊은 직원을 좋게 보는 상사도 꽤 많다. 지시나 명령을 내렸을 때 '예'라는 대답만 허용하는 상사가 아니라면 자신의 생각을 전할 필요는 있다. 단, 말투에는 유의하자.

어느 날 상사가 이런 지시를 내렸다고 가정해보자.

"월요일 회의에 쓸 자료 말인데,
목요일 중으로 마무리해줘."

이때에는 다음과 같은 답변이 가장 이상적이다. "알겠습니다. 그럼 수요일까지 초안을 제출하겠습니다."
하지만 다른 우선할 업무가 있어서 목요일까지 회의 자료를 준비할 수 없다면 어떻게 하겠는가?

> 정답 죄송합니다. ○○ 관련 건 때문에 목요일까지는 꼼짝없이 여기에 매달려야 해서요. 혹시 금요일까지 제출하면 안 될까요?
>
> 오답 그런데 이거 월요일에 쓸 자료죠? 꼭 목요일까지 해야 하나요?

'그런데'는 바로 직전에 상대가 말한 내용을 전면 부정하는 접속사다. 상대의 귀에는 그다음 이어지는 말이 모두 변명으로 들린다. **'그런데'라는 말이 들려오는 순간, 상대는 '이 사람은 애초부터 내가 하는 말을 들을 생각이 없었구나'라고 생각하며 적대감을 갖는다.**

고작 단어 하나로 싸움을 건 셈이나 마찬가지다. 심지어 상대는 상사이니 승산 없는 싸움이다. 이렇게나 무시무시한 접속사인데, 입버릇처럼 '그런데'를 남발하는 사람이 많아 놀라울 정도다.

추가로 **'그렇긴 하죠'**라는 표현에도 주의하자. 상대의 말에 긍정하는 듯 보이지만 '당신은 지금 지극히 당연한 말을 하고 있다'라는 뉘앙스가 느껴져 어쩐지 상대를 얕보는 듯한 인상을 준다. 게다가 '그런데'와는 쓸데없이 궁합이 좋다.

'그렇긴 하죠'라는 말이 들려오는 순간, '이제 **그런데** 라면서 따지고 들려는 거 아니겠지?'라고 생각하며 전투태세를 갖추는 사람도 있다.

무난하게 두루 쓸 수 있는 말은 '그렇군요'와 '감사합니다'이다.
이것들은 상대의 주장을 일단 전면적으로 받아들이는 표현이다.

"어째서 그만큼 시간을 줬는데도 이렇게밖에 못한 거야?"

오답 그런데 그저께는 이 정도면 된다고 하셨잖아요.
정답 지적 감사합니다. 수정해서 다시 제출하겠습니다.

기본적으로 상사의 명령은 따라야 한다. 그렇다면 '그런데'라는 말로 기름을 들이부어야 할까, '감사합니다'라는 말로 불씨를 꺼뜨려야 할까? 더 말할 필요도 없는 문제다.

39

불타는 욕망을 에너지의 원천으로

'이번 일만 마치면 이런 보상을 얻을 수 있다!'

이렇게 눈앞에 보상을 매달아 두면 사람은 큰일을 떠안고도 평소보다 강한 에너지를 발휘한다. 빨리 보상을 받고 싶어서 척척 일을 해내는 것이다. 그럼 중대한 일에 뛰어들 만큼 강한 에너지가 나오게 하려면 어떤 보상이 효과적일까?

"돈!"이라고 외치는 사람이 많을 것 같다. 하지만 대부분의 직장인은 노동의 대가로 매달 고정적인 월급을 받는다. 유감스럽게도 안정적으로 들어오는 대가에서는 보상 효과를 기대하기 어렵다. 거대한 프로젝트를 성공리에 마친다면 회사 차원에서 별도의 포상금을 지급하기도 하지만, 일을 시작하기도 전에 보상부터 약속하는 경우는 드물다.

눈앞에 놓인 중대한 일에 뛰어들게 할 만큼 강력한 보상은 스스로 마련해야 한다. 이때의 보상은 '이 일을 해낸다면 이 정도는 받아도 된다'라고 스스로 납득할 만한 것이어야 한다. 앞으로 처리할 일이 매우 중대한 일이라면 고급 초콜릿 정도로는 부족하다. 조금이라도 인색하게 굴면 마음속 자아가 바로 눈치채기 때문이다.

고급 요릿집에서 한정식을 먹는다든가, 미슐랭 3스타를 받은 레스토랑에서 코스 요리를 먹는다든가, 휴가를 내고 여행을 떠난다든가, 고급 손목시계를 산다든가, 마사지 숍에서 가장 비싼 코스로 관리를 받는다든가, 평소 여러 가지 이유로 쉽게 하지 못했던 일들을 떠올려보자.

'좋아! 이 정도 보상이라면 반드시 해내고야 말겠어!'라는 마음이 들 정도로 거창한 보상을 눈앞에 매달아 욕망이 이글이글 불타오르게 만들자.

그다음으로는 보상받을 날짜를 정하자. 일을 마친 당일이나 그다음 날, 늦어도 그 주 주말 안으로 잡는 편이 좋다. 일은 이달 말에 끝나는데 스스로에게 보상을 주는 시점이 반년 뒤라면, 서둘러 해치울 의욕이 솟아나질 않는다. 큰일을 마무리 지었다는 성취감과 만족감에 젖어 있는 상태에서 보상이 주어져야 더없는 행복을 맛볼 수 있다.

맡은 일이 장기 프로젝트라면 달리는 도중에 숨이 차서 풀썩 주저앉고 싶어질지도 모른다. 그럴 때는 보상을 가까이에서 느낄 수 있도록 관련 이미지를 스마트폰 대기화면으로 해두면 도움이 된다. 볼일을 보러 나갔다가 보상으로 마련한 레스토랑이나 상점 근처에 들르게 된다면 일부러 그 앞으로 지나가보는 것도 좋다.

마지막으로 가장 중요한 대목인데, **목표를 이루었다면 약속한 대로 자신에게 보상을 주자.** 갑자기 보상에 들이는 돈이 아깝다거나 '무사히 마무리했으니 그걸로 충분해'라는 이유로 흐지부지 넘어가려는 사람이 있다. 이러면 다음부터는 자신이 내건 보상을 스스로 믿지 못하게 된다.

그럼 이제 무엇을 보상으로 할지 정하자. 그리고 눈앞에 놓인 일에 당장 뛰어들자!

40

집중력은 단련할 수 있다

집중만 하면 일을 빠르게 끝내는 것은 그다지 어렵지 않다. **일 처리를 빠르게 잘하는 사람이 되기 위한 가장 중요한 열쇠는 집중력이 쥐고 있다.**

집중력은 뇌가 몇 가지 조건을 충족했을 때 발휘된다. 하지만 각자 생활하는 환경이 다르고 개인차도 있어서 '이렇게 하면 누구나 반드시 집중할 수 있다'라고 명확하게 말할 만한 해결책을 찾기는 어렵다. 하지만 훈련을 거듭해서 요령을 터득하면 누구나 쉽게 집중력을 유지할 수 있다.

이 책에서 집중에 관한 몇 가지 이야기를 다루었는데, 다음 네 가지로 정리할 수 있다.

> **① 집중할 수 있는 환경과 컨디션을 갖춘다.**
> 말 거는 사람이 없는 장소로 간다. 충분한 수면 시간을 확보한다.
> **② 집중이 잘 되는 시간대를 파악한다.**
> 생리학적으로는 뇌가 피로하지 않은 이른 아침이 좋다.
> **③ 집중할 계기를 만든다.**
> 부담이 적은 일부터 시작한다. 집중 아이템을 만든다.
> **④ 집중을 방해하는 요인을 없앤다.**
> 스마트폰을 끄고 보이지 않는 곳에 둔다.

집중이 지속되는 시간은 15~25분

집중력은 원래 그리 오래 지속되지 않는다. 깊이 집중한 상태가 지속되는 시간은 15~25분 정도다. 그 후 잠시 느슨해졌다가 다행히 집중 상태로 돌아오면 다시 15~25분 정도 지속된다. 다시 말해 **집중력을 유지하는 열쇠는 '집중→휴식→집중→휴식→집중'의 과정을 몇 번이나 반복할 수 있느냐에 달렸다.**

인터넷상에 '245cloud'라는 이름의 집중력 단련 사이트가 있다. www.245cloud.com 스스로 할 일 하나를 정하고 '집중' 버튼을 누르면 화면상에 '24분 00초'가 표시되었다가 시간이 점점 줄면서 카운트다운이 시작된다. 소리를 들어야 집중이 잘 되는 사람은 같은 화면상에 24분간 유튜브 영상이 나오도록 설정할 수 있다.

카운트다운이 멈추면 5분간 휴식에 들어간다. 휴식 시간이 되면 한 세트를 달성한 회원들끼리 교환 일기를 주고받을 수 있다.

메인 화면에는 현재 해당 사이트를 이용해 무언가에 집중하고 있는 회원들의 아이콘과 그 사람이 오늘과 이번 주에 각각 몇 번씩 집중했는지가 표시된다.

자신이 얼마나 집중했는지가 타인에게도 공개되므로 '호손 효과 Hawthorne effect'가 나타나 성과가 올라간다. 호손 효과란 누군가 자신을 관찰한다는 사실을 인지하면 그에 대한 반응으로 태도에 변화가 생긴다는 이론이다. 목표를 달성한 사람들끼리 칭찬 메시지를 주고받을 수도 있으므로 누군가에게 인정받고 싶어 하는 '승인 욕구'도 충족된다.

이 사이트는 1987년에 이탈리아에서 개발된 '포모도로 기법 Pomodoro Technique'이라는 유명한 시간 관리 기법을 바탕으로 만들어졌다. 원조는 '25분 집중→5분 휴식'의 네 세트 반복으로 구성되어 있는데, '245 cloud'는 '24분 집중'이라는 점이 조금 다르다.

집중 시간이 1분 적은 이유는 개발자의 이름과 '245'의 발음이 비슷해서라고 한다. 여러 의미에서 잘 만든 사이트가 아닌가 싶다. 집중력을 유지하고 싶다면 '245cloud'와 같은 외부의 도구를 활용하는 것도 하나의 방법이다.

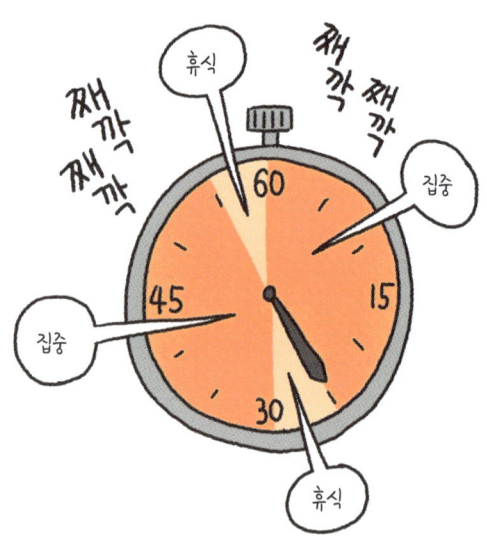

제5장

일 잘하는 사람의 생활 습관

41

머리가 가장 맑은 시간이 언제인지 알아두자

머리가 가장 맑은 시간대가 언제인지 알고 있다면, 그것에 따라 언제 무엇을 해야 할지를 정하면 좋다.

① 손을 움직여야 진행되는 일: 복사하기, 이메일 답장하기
② 두뇌를 풀가동시키는 일: 자료 읽기, 기획서 작성하기
③ 사람을 대면하는 일: 손님 접대하기, 회의 참여하기

내 경우에 이메일 확인은 '① 손을 움직여야 진행되는 일'에 해

당한다. 처리해야 할 분량은 많지만 '예, 아니오'를 판단해서 답변하는 정도라면 머리를 그리 많이 쓰지 않아도 된다. 적당히 끊어가며 할 수 있는 일이라 중간에 다른 직원이 와서 "잠깐 이것 좀 봐주실 수 있나요?"라며 말을 걸면 잠시 멈췄다가 다시 계속하기에도 부담이 없다. 이메일 확인은 틈새 시간을 이용하거나 본격적인 업무에 들어가기 전에 워밍업 삼아 하기에도 적당하다.

사업 계획 세우기나 자료 읽기는 집중력과 상상력이 필요한 일이므로 '② 두뇌를 풀가동시키는 일'에 해당한다. 이런 일을 할 때는 어느 정도 시간이 확보되어야 하고 중간에 멈추고 싶지도 않다. 그래서 전화도 가급적 연결하지 말아달라고 부탁하고 스마트폰 전원도 꺼둔다.

나는 예전부터 이른 아침 시간에 가장 집중이 잘 되어서 이런 일은 오전에 한다. 매우 집중한 상태이므로 신경이 곤두선 사람처럼 보일지도 모르겠다.

회의나 취재 관련 일은 '③ 사람을 대면하는 일'에 해당한다. 이미 머릿속에 든 내용을 질문에 맞춰 꺼내기만 하면 되는 작업이라 의외로 두뇌에 큰 부담을 주지 않는다. 이런 일은 보통 오후 1시 이후에 잡는다.

점심을 먹고 나서 묵묵히 손만 움직이는 일을 하면 졸리다. 한

바탕 긴장이 풀린 상태라 다시 집중력을 높이기도 어렵다. 적당히 배를 채우고 쉬면서 마음도 편해진 상태이니 이럴 때 사람을 만나면 좋은 분위기 속에서 대화를 이어나갈 수 있다.

물론 밤에 집중이 가장 잘 되는 사람도 있고 이메일 작성에 머리를 가장 많이 쓰는 사람도 있을 것이다. 이런 부분은 사람마다 다르지만, 어느 시간대에 어떤 일을 해야 가장 효율이 높은지는 알아둘 만한 가치가 있다.

경력이 짧아 결정권이 거의 없는 직원이라면 자신의 계획대로 명확하게 선을 그어가며 일을 진행하기도 쉽지 않다. 그럴 때는 "다음 회의는 ○일 이른 오후에 하면 어떨까요?"라든가 "금요일 오전까지 완성해서 제출할 예정이니 확인 부탁드립니다"라는 식으로 자신의 계획을 미리 말해서 상대의 일정에 끼워 넣게 만들면 어떨까?

남들보다 일 처리가 빠르면 다른 사람의 일정도 자신의 페이스에 맞게 조절할 수 있으니 여러모로 이득이다.

42

일하기에 가장 좋은 황금시간, 아침

나는 예전부터 이른 아침에 가장 집중이 잘 되었다. 학창 시절에는 이 시간을 수학 문제 풀기나 논문 작성처럼 상상력과 논리성을 필요로 하는 공부에 할애했다. 사회인이 되고 나서도 기획서를 쓰거나 중요한 문서를 정독하는 일은 아침에 했다. 그래서 아침은 1분 1초라도 헛되이 보내고 싶지 않다. 아침에 눈 뜨자마자 하는 일은 매일 똑같이 고정해 두었다.

아침 6시에 일어나서 세수와 면도를 하고, 자는 동안 헝클어진 머리를 가라앉히기 위해 머리에 물을 묻힌다. 목욕 수건을 걸친 채로 베이지색 면바지를 입고 선반에 수건을 올려놓는다. 티셔츠를 입고 왁스로 헤어스타일을 정리하고 후드티를 걸친 다음 집을 나선다. 아침마다 무엇을 입을지 고민하는 데 시간을 쓰고 싶지 않아서 특별한 날을 제외하면 언제나 이런 스타일로 입는다.

이미 몇 년이나 반복해 온 일이라 이제 단축할 시간도 거의 없지만, 그래도 항상 무엇부터 갈아입어야 가장 **빠르게** 준비할 수 있을지 연구한다.

이전에는 전철을 타고 회사를 오갔던지라, 출퇴근 시간에는 그날의 일정을 확인하면서 처리할 순서를 정하거나 이메일과 문자 메시지를 확인했다. 지금은 걸어서 출퇴근하기 때문에 아침에는 직장 근처의 카페에서 답장을 보낸다.

출근 전 카페에 들르는 습관이 생긴 것은 변호사로 일하던 시절부터다. 아침이라는 황금시간을 식사 준비에 쓰고 싶지 않았기 때문이다. 그래서 지금도 아침에는 카페에서 커피를 마시고 **빵**을 먹으면서 그날그날 '가장 집중하고 싶은 일'에 몰두한다.

카페에서 하루를 시작하자

왜 바로 사무실로 들어가서 일하지 않느냐는 질문을 자주 받는다. 사무실에 앉아 있으면 아무리 집중한 상태라고 해도 누군가가 출근해서 "안녕하세요!" 하고 인사했을 때, 무시하기는 어렵다. 그날의 업무 확인이나 진행 상황 보고 등, 부하 직원들도 나에게 묻거나 하고 싶은 말이 많을 테니 말이다.

자신에게 직접 말을 걸지 않더라도, 주변에서 자신도 아는 주제로 이야기를 나누면 자꾸만 신경이 쓰인다. 아침 무렵의 사무실은 집중이 필요한 작업을 하기엔 적합하지 않을 수 있다.

말단 직원은 자신이 맡은 일을 시작하기 전에 부서 전체를 위해 해야 하는 일도 있다. 필요한 업무고 언젠가는 해야 하겠지만, 가장 머리가 맑은 아침 시간을 잡무를 하며 보내는 것은 너무 아깝다.

하지만 아침 카페에 오는 사람들은 보통 혼자다. 신문을 읽거나 노트북으로 작업을 하거나 자격시험을 준비하는 사람이 대부분이라 매우 조용하다. '출근 시간 전까지'라는 제한이 있어서인지 왠지 모를 긴장감이 맴돌아서 집중이 더 잘 된다.

카페에서 일이 아닌 다른 것을 해도 좋다. 그게 무엇이든, 출근 전에 매일 카페에 들러서 집중력을 최고로 끌어올리는 습관을 들이면 하루를 충실히 보낼 수 있으니 꼭 해보기 바란다.

43

점심을 같이 먹는 무리에서 빠져나오자

내가 변호사로 일하던 시절에 근무하던 법률사무소는 도쿄 오테마치大手町라는 거리에 있었다. 그 후에 근무한 산업혁신기구의 위치는 바로 옆 동네인 마루노우치丸の内였다. 창업해서 처음 마련한 사무실의 위치는 고탄다五反田였고, 이전한 현재는 진보초神保町에서 근무한다. 모두 이른바 '오피스 거리'라고 불리는 곳들이다.

이들 지역에서는 정오가 지나면 한 손에 지갑을 든 직장인들이 점심을 먹기 위해 우르르 쏟아져 나온다. 거리는 "오늘은 뭘 먹을까?", "이 식당에는 자리가 없네", "그럼, 저기로 가보자"라며 우왕좌왕하는 사람들로 넘쳐난다.

혼자라면 적당히 아무 가게에나 들어가 가볍게 먹고 나올 수 있을 텐데, 대개는 2~4명씩 무리 지어 다닌다. 주변의 얘기를 들어보면, 점심은 늘 같이 먹는 고정 멤버끼리 다니는 사람이 많은 것 같다. 심지어 점심 때문에 '파벌'이 생기는 경우도 있다고 한다.

업무에 도움 되는 의견이나 정보를 주고받는다면 이런 모임도 괜찮겠지만 그런 경우는 드물다. 점심을 먹다가 의도치 않게 다른 테이블의 대화를 엿듣게 될 때가 있는데, 대부분은 누군가를 험담하거나 불평을 늘어놓느라 시끌시끌하다.

'고작 1시간인데, 숨 좀 돌리면 어때'라거나 '직장인의 유일한 낙'이라고 생각하는 사람에게까지 뭐라고 할 마음은 없다. 하지만 점심 식사는 30분이면 충분하고, 남는 30분 동안이면 '꽤 여러 가지 일'을 할 수 있다.

일례로 **자격증 시험공부**를 들 수 있다. 기출문제나 예상 문제는 실전과 동일한 시간 내에 푸는 연습을 해야 승산이 있으니 30분 동안 시간을 재면서 문제를 풀자. 일주일에 다섯 번이면 2시간 30분은 공부할 수 있다. 조금 다른 얘기지만, 출퇴근 시간은 메모장에 적은 내용을 암기하기에 좋다.

만약 누군가가 점심을 같이 먹자고 한다면 "○월에 있을 △△ 시험 때문에 밥 먹고 공부해야 돼서, 죄송하지만 같이 못 갈 것 같아요. 이번에 꼭 합격하고 싶거든요. 만약 실패하면 제가 모두에게 밥 한번 살게요!"라고 선언하자.

시험을 준비한다는 사실을 주위에 널리 알려서 감시받는 상황을 만들고, **'실패하면 멘탈과 지갑 모두 타격을 입는다'라는 사실을 되새기면서 스스로를 몰아세우는 전략이다.**

이렇게까지 의욕을 내비치면 주위 사람들도 보통은 "그럼 어디 실력 좀 볼까?"라는 반응을 보인다. 게다가 밥을 얻어먹고 싶어서 방해하는 사람으로 여겨지고 싶지는 않기 때문에 가만히 내버려둘 것이다. 지루한 푸념에 장단을 맞추지 않아도 되고 자기 계발도 가능하니, 그야말로 일석이조다.

하나 더 덧붙이자면, 배가 부르면 아무래도 졸리고 일 처리 능력도 떨어진다. 오후에도 막힘없이 착착 일하고 싶다면 점심은 되도록 가볍게 먹고, 허기가 지면 중간에 견과류 같은 간식을 적당히 먹는 편이 좋다.

44

일하다 막히면 몸을 움직여라

　나는 아무리 바빠도 매일 몇 킬로미터 정도는 걸으려고 노력한다. 이전에는 주로 달리기를 했지만 지금은 근육 트레이닝과 걷기를 중심으로 운동한다. 걷기는 건강에 좋을 뿐 아니라 일에도 긍정적인 영향을 미친다.

　보통 하루에 30~40분 정도 숨이 가쁘지 않을 정도로 빠르게 걷는다. 한창 바쁠 때 이 정도 시간을 내려면 꽤 각오가 필요하지만, 작업이 산더미처럼 쌓여 있는 때일수록 과감히 밖으로 나가자. 시간의 압박을 느껴가면서 책상에 눌러앉아 '끝이 없네. 도대체 언제 끝나'라며 안달복달한들 좋은 아이디어는 떠오르지 않는다.

이른바 '정체' 상태에 빠진 것이다. **이럴 때 바깥 공기를 마시면 복잡한 머릿속이 말끔해져, 무슨 일부터 해야 하는지 정리가 되고 문제 해결의 돌파구가 열린다.**

스마트폰 앱을 동시에 여러 개 실행하면 작동이 잘 되지 않고 버벅거리기 일쑤다. 이때 모든 앱의 작업을 종료해서 메모리를 비워주고 나면 다시 매끄럽게 작동한다. 바쁠 때 걷기나 달리기를 하면 스마트폰 앱을 종료하는 것과 같은 효과를 기대할 수 있다.

뇌는 우리 몸의 장기 중 가장 많은 산소를 소비한다. 산소는 혈액이 운반하는데, 걷기나 달리기 같은 '유산소 운동'을 하면 혈액 순환이 활발해져 뇌가 생기를 되찾는다. 내가 생리학 전문가는 아니지만, 실제 경험으로 효과를 보았으니 믿어도 좋다.

근력 운동으로 머리를 맑게 하자

아무리 스마트폰 앱을 모두 종료해도 버벅거림이 해소되지 않는 경우가 있다. 그럴 때는 완전히 껐다가 다시 켜야 한다. 마찬가지로 **두뇌 회전이 멈췄다면 일을 완전히 잊고 머릿속을 비운 다음 재시작해야 한다.**

술로 스트레스를 푸는 사람도 있지만, 아무 일도 생각나지 않을 정도로 취하려면 간이 몇 개라도 부족하다. 게다가 체내에 알코올 성분이 남으면 집중이 잘 되는 아침 시간을 그대로 날려버리게 될 것이다. 그래서 나는 근력 운동을 권하고 싶다. 가능하다면 부담이 적은 운동을 여러 번 하는 것보다 부담이 큰 운동을 한계에 다다를 때까지 하는 것을 추천한다.

젖 먹던 힘을 다해 자신이 들 수 있는 가장 무거운 덤벨을 들어 올릴 때는 '내일은 무슨 일부터 하지?'라고 생각할 만한 여력이 생기지 않는다. **몸과 마음의 모든 에너지가 근육에 집중되므로 뇌는 최소한의 기능만을 남긴 채 '오프' 상태에 들어가는 것이다.**

나는 일주일에 한 번씩 트레이너의 지도를 받는데, 트레이너가 미리 짜 놓은 메뉴를 순서대로 소화하기만 하면 30분 정도만 투자해도 충분히 알차게 운동할 수 있다. 마지막으로 헬스장에서 샤워를 마치고 나면 머릿속이 말끔해져 다시 작업에 몰두하기도 좋다.

요즘은 남성뿐 아니라 여성 중에도 근력 운동을 하는 사람이 많이 늘었다. 근력 운동은 짧은 시간에 머리를 맑게 해주는 매우 가성비 좋은 운동이니 꼭 한번 시도해보자.

45

어중간한 부분에서 마무리하자

업종이나 직종에 따라 다르겠지만, 우리가 매일같이 하는 일은 서로 겹쳐 있거나 연장선상에 놓인 경우가 대부분이다. 그래서 '완전히 끝냈다'고 말할 수 있는 명확한 기준선이 없다. 그 말은 곧, 퇴근하는 시점에도 완벽하게 마무리 짓지 못하고 내일로 넘기는 일이 생길 수밖에 없다는 뜻이다.

하지만 대부분 사람들은 어중간한 부분에서 손을 놓기에는 마음이 찜찜하다는 이유로 적당히 매듭짓기 좋은 곳을 찾기 시작한다.

'이 보고서까지만 쓰고 일어나자.'
'이 전표 뭉치만 처리하고 마무리하자.'
'답장 하나만 보내고 컴퓨터를 끄자.'

신기하게도 결승선에 도달할 수 있다는 가능성이 보이기 시작하면 바닥까지 내려갔던 의욕이 조금 되살아난다. 마음의 연료 탱크 깊숙이 저장해 두었던 에너지에 불이 붙고 집중력도 높아진다. 그렇게 최선을 다해 결승선을 끊고 나면 '드디어 끝냈다! 오늘은 여기까지!'라는 홀가분한 마음으로 폴더를 닫고 퇴근한다. 오늘의 업무와 자신의 마음에 매듭을 짓고, 내일은 또 새로운 마음으로 새 문서, 새 전표 뭉치, 새 메일을 처리한다.

이런 방식으로 일하면 개운해서 좋을 듯하지만, 반대로 **나는 의도적으로 어중간한 부분에서 마무리하라고 권하고 싶다.** 바닥까지 내려갔던 의욕이 되살아나면 높은 집중력이 발휘되는데, 그것을 그냥 날려 보내기에는 너무 아깝기 때문이다.

결승선을 통과한 달리기 선수는 힘을 거의 쓰지 않고도 관성 때문에 몇 미터는 더 나아갈 수 있다. 이와 마찬가지로 집중력이 바닥나도 일하는 데 쓰던 에너지는 조금 남아 있다. 그 작은 열기를 빌려서 내일 할 일에 살짝만 손을 대자.

서류라면 첫 페이지의 몇 줄을 더 읽고, 전표 뭉치라면 위에서부터 몇 장을 더 처리하고, 이메일 답장이라면 '문의하신 건에 대해 확인해보았습니다만, 결론적으로' 정도까지 써놓고 임시보관함에 저장해둔다. 그러면 내일은 무조건 그다음부터 이어서 시작하게 되어 있다.

어떤 일을 할 때든 '움직이기 시작하는 단계'에서 가장 많은 힘이 든다. 글을 쓸 때 첫 문장이 떠오르지 않아 끙끙 앓은 적은 없는가? 오늘 꼭 해야 할 일이 있다는 것을 알면서도 어째서인지 손이 가질 않아 잡무만 건드린 적은 없는가? 집중력은 갑자기 최대로 치솟지 않는다. 반드시 도움닫기가 필요하다.

조금 건드린 일을 이어서 계속하는 것은 전혀 손대지 않은 상태에서 시작하는 것보다 훨씬 부담이 덜하기 때문에 선뜻 나설 수 있다. 관성에 밀려 살짝 건드렸을 뿐이니 사소한 오류나 실수쯤은 있어도 상관없다. 다음 날 출근하면 그것을 수정하는 작업부터 들어가자.

46

자야 할 시간까지 버티면서 일하지 말자

일이 산더미처럼 쌓였는데 시간이 절대적으로 부족하다. 이대로는 마감일에 맞추지 못할 것 같다. 이럴 때 '밤새워서 일하면 어떻게든 되겠지'라고 생각하는 사람이 있다. 사람마다 수면 시간은 다르겠지만, 보통 6~8시간 정도가 아닐까 싶다.

궁지에 몰린 상황에서 '밤을 새야겠다!'라고 마음먹은 순간, 카운트다운 되던 숫자에 6~8시간이 추가된다. 밤샘은 궁지에서 벗어나게 해주는 마법과 같은 해결책이다. 그러나 '도저히 이것 말고는 방법이 없어!'라고 절규할 만큼 마감 시간이 아슬아슬하지 않다면, 밤샘은 금기 사항으로 정해야 한다.

밤샘 작업은 건강에 나쁜 것은 물론이며, 효율이 떨어져 기대만큼 진도가 나가지 않는다. 밤을 새우기로 마음먹으면 시간이 갑자기 늘어났다는 생각에 긴장이 풀려 작업 속도가 뚝 떨어지는 일도 흔하다. 졸음을 참고 일을 계속하면 주의력이 분산되어 치명적인 실수나 누락이 생기기 쉽다.

졸음에 대처하는 법

그 일은 정말 밤을 새워야만 끝낼 수 있을까? 혹시 근무시간 중에 쓸데없이 낭비하는 시간은 없는가?

시간을 늘릴 수는 없지만, 효율적으로 일하는 방법을 찾고 틈새 시간을 긁어모으고 집중력을 높이면 '시간의 밀도'는 늘릴 수 있다. 밤새 사무실에 있을 작정이라면, 차라리 집에 가서 잠시라도 눈을 붙이고 첫차로 출근해 이어서 일하자. 그러는 편이 일을 더 빨리 끝낼 수 있다.

졸음은 점심식사 후에도 덮쳐 온다.

우리는 졸음을 쫓기 위해 커피를 마시거나 뺨을 찰싹찰싹 때리거나 찬물로 세수를 하는데, 어느 정도 효과는 있지만 근본적인 해결책은 될 수 없다. 가장 좋은 방법은 역시 잠깐이라도 눈을 붙이는 것이다.

내 경험상 낮잠은 15분 정도가 적당하다. 하던 일을 책상에 그대로 두고 그 위에 엎드리자. 조금 불편하게 자야 몸 어딘가가 쑤셔서 눈이 떠진다. 상체를 들면 하다 만 일이 눈앞에 펼쳐져 있다. 일부러 자긴 했지만, 그 장면을 보면 '어떡해! 깜박 졸았어!'라는 초조한 마음과 함께 정신이 번쩍 들어 바로 일을 시작하게 된다.

다만, 편한 자세로 15분 이상 자면 우리 몸은 본격적인 수면에 들어간다. 그래서 자고 일어나도 멍한 상태가 계속된다. 결국 컨디션을 회복하지 못한 채로 하루가 끝날 수도 있으니 주의하자.

47

책상 위가 어수선할수록 실수가 잦다

지금 여러분의 책상은 어떤 모습을 하고 있는가? 쌓아 올린 서류 틈에서 볼펜이 얼굴을 내밀고 키보드 밑에 클립이나 메모지가 굴러다니지는 않는가?

책상이 어수선한 사람은 그만큼 실수도 많이 한다.

- 부탁받은 일이나 자신이 했던 말을 기억하지 못한다.
- 마감일을 지키지 못한다.
- 물건을 자주 잃어버린다.
- 약속에 늦거나 이중 약속을 잡는다.

책상 위가 어수선한 사람은 이와 같은 실수를 곧잘 저지른다. 이들에게 책상을 정리하라고 말하면 으레 이런 반론이 돌아온다.

"어질러져 있는 것처럼 보이겠지만
나는 어디에 뭐가 있는지 다 알고 있어!"

물론 이 대답은 정리하지 않았거나 못한 사람의 변명일 뿐이다. "그럼, 지난번 그 서류 좀 줘봐"라고 말하면 "그거라면 분명 여기쯤 있을 텐데…"라며 대대적인 수색에 들어간다. 필요한 문서를 '바로 꺼내는' 사람과 문서가 있을 법한 곳부터 '찾기 시작'하는 사람 중 어느 쪽이 일 처리 속도가 빠를지는 두말할 필요도 없다.

다만, 책상을 어수선하게 두는 사람이 모두 일을 못한다고 단정 지을 수는 없다. 디자이너, 편집자, 이벤트 플래너처럼 창의적인 일이 주가 되는 직종에서는 너저분한 상태에서 일하는 사람을 쉽게 찾아볼 수 있다. 이들에게는 그럴 만한 이유가 있다. 일단 머릿속에 든 생각의 파편을 전부 꺼내어 늘어놓고 붙이거나 깎으면서 형태를 잡아야 작업이 수월해지기 때문이다.

브레인스토밍 방식으로 진행되는 회의에서 참가자 전원이 제시하는 아이디어를 일단 모두 받아 적은 다음 쓸 만한 것을 추리는 과정과 비슷하다.

반대로 책상 위에 아무것도 꺼내 놓지 않는 사람도 있는데, 이것은 이것대로 과연 일이 될까 싶어 걱정스럽다. 책상을 깔끔하게 유지하는 것이 목적이 되어 업무의 편의성을 고려하지 않는 경우를 보면 주객전도라는 말이 절로 나온다.

여러 개의 일을 동시에 처리해야 하는데 지나치게 잘 정리한 탓에 눈에 띄지 않으면 처리에 누락이 발생할 수도 있다.

퇴근 시에는 내일 가장 먼저 할 일과 관련된 문서나 자료를 책상 한가운데 두고 돌아가자. 다음 날 아침에 출근해서 자리로 가면 바로 일을 시작할 수 있도록 말이다. 일 처리가 빠르다는 말을 듣고 싶다면, 책상도 기능적 측면을 고려해서 정리해야 한다.

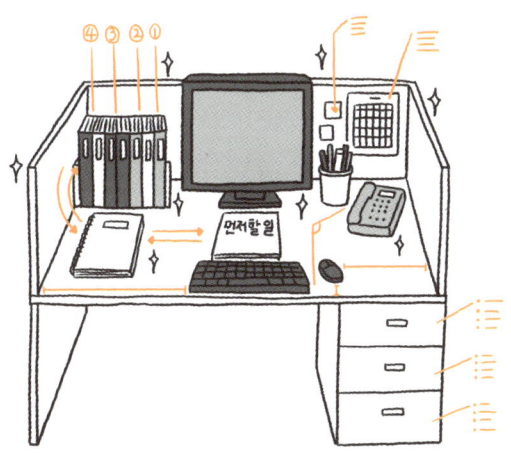

48

일 처리가 빠른 캐릭터를 연기하자

  사람들은 자신이 '남들에게 어떻게 보일지' 궁금해하고 기왕이면 '잘 보이고' 싶어 한다. 타인의 기대에 부응하려 애쓰고 그들의 기대와 신뢰를 저버리고 싶지 않은 마음에 열심히 노력한다.

  이처럼 **남들에게 잘 보이고 싶은 내면의 심리를 이용하면 스스로를 자신이 원하는 방향으로 성장시킬 수 있다.** 실제로는 느긋하고 게으른 성격이지만, 직장에서는 빠릿빠릿하게 일하고 시원시원하게 해치우는 사람이 될 수 있는 것이다. 단, 처음 얼마간은 '연기하는 노력'이 필요하다.

"알겠습니다. ○일까지 마무리하겠습니다."
"괜찮습니다. 지금 바로 시작해서 저녁 안에 제출하겠습니다."

상대가 묻지 않아도 자진해서 "하겠습니다"라고 선언하자. 그러면 '말과 행동이 따로 노는 못난 사람'으로 여겨지고 싶지 않다는 '잘 보이고 싶은 심리'가 발동해 집중력이 높아진다. 말과 행동을 일치시켜 "일을 잘하는군!"이라는 말을 듣고 싶기 때문이다. **칭찬받았다는 기쁨과 그러한 쾌감을 더욱 맛보고 싶다는 마음은 새로운 의욕을 샘솟게 만들고 더 나아갈 수 있도록 에너지를 준다.**

한동안 이런 과정을 반복하면 주위 사람들도 점점 "○○는 매번 일 처리를 잘해"라며 인정해준다. '노력한다→칭찬받는다→더 칭찬받고 싶어서 노력한다→칭찬받는다→기대를 저버리지 않으려고 노력한다'와 같은 선순환이 일어나는 것이다. 그러다 보면 사내에서 **'일 잘하는 캐릭터'**로 완전히 자리 잡게 되고, 스스로도 자신을 '직장에서는 일을 척척 해내는 사람'이라고 믿게 된다.

같은 방식으로 업무 중 '일탈'을 권유하는 상대도 뿌리칠 수 있다. 혹시 주변에 '한숨 돌리는 상대'를 찾아다니는 상사나 동료는 없는가? 여러 기업을 방문해보면 사내 곳곳에서 선 채로 대화를 나누는 사람들이 눈에 띈다. 편한 자세로 서서 때때로 웃음을 터

트리는 모습으로 보아 업무 관련 대화를 나누는 것 같지는 않다. 이른바 '농땡이'를 피우는 중이다.

두 사람이 모였다면 분명 어느 한쪽이 말을 걸어서 일 것이다. 먼저 말을 건 쪽은 평소처럼 함께 시간을 때우는 동료나 권유를 뿌리치지 못하는 상대를 말동무의 타깃으로 삼는다. 이런 유혹의 손길이 자신에게 뻗쳐온다면, 첫 대처가 매우 중요하다.

"죄송합니다. 지금 일하는 중이라서요."

일 때문이라는 이유로 거절당한 상대는 '자신이 일하고 있지 않다는 사실'에 정곡을 찔려 머쓱해진다. 두세 번쯤 거절하면 '꼬드겨도 받아주지 않는 사람'으로 인식되어 타깃에서 벗어날 수 있다. 이것으로 집중을 방해하는 요소 하나를 제거한 셈이다.

이처럼 직장용 캐릭터를 확립하면 수월하게 일할 수 있다.

49

습관적인 야근 무리에서 벗어나자

　공공질서와 사회적 타당성에 반하지 않는 한, 업무상의 명령은 거부할 수 없다. 다시 말해, '하라'고 시킨 일을 '하지 않겠다'고 거절하는 선택지는 존재하지 않는다. 맡을 일을 정규 근무시간 내에 끝내지 못하면 야근을 해서라도 처리해야 한다.

　지극히 개인적인 견해지만, 매일 밤낮을 가리지 않고 늦게까지 일하는 사람은 세 부류로 나눌 수 있다. 하나는 '블랙 기업'에서 근무하는 사람, 다른 하나는 일을 좋아해서 자발적으로 남는 '일중독자', 마지막은 야근을 하지 않아도 되는데 굳이 남아 있는 '습관적 야근러'다.

이 책에서 다루고 싶은 것은 나머지 두 부류다. '블랙 기업'은 사회적 문제로 개인의 능력으로는 근본적인 해결이 불가능하다. 전직이나 부서 이동 등을 선택해 환경을 바꾸는 수밖에 없다.

'일 중독자'는 생활의 중심이 일이라 '결과물의 완성도를 높이고 싶다', '어중간하면 잠이 안 온다', '어느 정도 일단락 짓고 나서 퇴근하고 싶다' 같은 생각을 일상적으로 하며 산다. 이들은 야근이 괴롭다고 말하지 않는다.

나 역시 이런 부류라 말단이었을 때부터 정해진 퇴근 시간 이후에도 남아서 많은 일을 했지만 '시켜서 어쩔 수 없이 한다'고 생각한 적은 단 한 번도 없다.

문제는 괜히 남아서 하지 않아도 될 야근을 억지로 하는 **'습관적 야근러'**에 속하는 사람들이다. 이 부류는 다시, 바쁜 자신에게 취한 '자아도취파'와 시간을 효율적으로 쓸 줄 모르는 '비효율파'로 나뉜다.

나는 직업상 이제까지 여러 기업과 그곳에서 일하는 수많은 사람을 만나왔다. 그런데 사실상 '근무시간에 집중해서 효율적으로 일하는데도 여전히 일이 쌓여 야근할 수밖에 없는 상황'에 처한 경우는 그리 많이 찾아볼 수 없다.

창업한 지 얼마 되지 않아 사장을 비롯한 소수의 직원이 고군분투하는 벤처기업이나, 과잉 노동이라는 사회문제의 대표적 사례로 거론되는 몇몇 업종 정도다.

혹시 일이 너무 많아서 '어제도 밤 10시까지 일했더니 피로가 풀리질 않아'라거나 '인력이 부족해서 아무리 해도 일이 끝나지 않아'라는 식으로 매일같이 불만을 토로하지는 않는가? 그렇다면 우선 일하는 방식에 불필요한 요소는 없는지 점검해보자.

- 맡은 일을 더 효율적으로 처리할 방법은 없는가?
- 점심 이후 늘어지게 차를 마시거나 담배를 피우지는 않는가?
- 정규 근무시간에 딴짓하지 않고 제대로 집중하는가?
- 회의나 잠시 의견 조율을 한다는 핑계로 잡담을 하지는 않는가?

많은 일을 처리하기가 결코 쉽지는 않지만, 같은 일을 해도 '힘들다'고 생각하느냐 '즐겁다'고 생각하느냐에 따라 인생의 행복도 자체가 달라진다. 살아가면서 마지못해 야근하는 시간이 세상에서 제일 아깝다.

업무 스타일을 점검해서 시간을 효율적으로 쓰면 시간 내에 마치고 퇴근하는 방법은 반드시 찾을 수 있다. 만약 그렇게 해도 야근이 불가피할 정도로 업무량이 많다면 그것은 애초에 운영과 관리의 문제이니 상사에게 상황을 보고하는 편이 좋다.

50

집중을 방해하는 최대의 적, 스마트폰

집중할 필요가 있거나 한창 집중하고 있을 때는 방해가 될 만한 요소를 미리 철저히 없애야 한다. 그중 **제일 먼저 처리해야 할 요소는 스마트폰이다.**

스마트폰이 얼마나 편리한지는 두말할 필요도 없다. 시계, 카메라, 달력, 전화, 메신저, 웹 브라우저를 비롯해 업무에 도움이 되는 앱도 많다. 그러니 손에서 놓지 못하는 것도 충분히 이해는 된다. 하지만 너무 편리한 만큼 곁에 두어서는 안 된다. 일할 때는 전원을 꺼두자.

만약 전화가 걸려왔다고 가정해보자. 전화벨이나 진동이 울리면 자연스럽게 화면으로 눈이 간다. 연락한 사람이 누구인지는 대기 화면만 봐도 알 수 있다. 전화로는 급한 용건인 경우가 많으니 '혹시 무슨 문제라도 생겼나?' 하고 걱정이 된다. 화면을 이미 본 이상, 신경 쓰지 않는 것은 불가능하다.

하지만 정말 심각한 문제가 터졌다면 바로 회사 전화나 다른 직원을 통해 연락이 온다. 이런 상황까지 내다보고 스마트폰 알림을 무시할 수 있다면 좋겠지만 대부분은 그러지 못한다. 아무래도 신경이 쓰여서 도중에 집중이 끊어지게 마련이다. 스마트폰 메신저로 받은 메시지를 읽으면 '읽음' 표시가 뜨기 때문에 상대가 신경 쓸까봐 바로 답을 보내게 된다.

마찬가지로 이메일도 일단 읽었으면 바로 답장을 보내야 할 것만 같다. 하지만 애초에 메시지가 왔다는 사실 자체를 모르면 신경 쓸 일도 없다. 반대로 말하자면, 바로 답을 보낼 수 없는 상황에서는 스마트폰 메시지나 이메일을 수신해봤자 아무런 의미가 없다.

웹 브라우저가 가장 문제다

가장 큰 문제는 웹 브라우저다. 문서를 작성하다 보면 자료 조사를 위해 검색이 필요할 때가 있다. 물론 검색만으로 끝나면 다행이다. 그러나 보통은 그때부터 인터넷 서핑이 시작된다.

유튜브 시청 같은 아예 샛길로 새는 행위는 논할 가치조차 없지만, '업무에 관련된 다른 자료를 세세하게 파고드는 작업'에 빠지는 것도 문제다. 대놓고 딴짓을 하는 게 아니라서 더 질이 나쁘다. 집중해서 진행하던 작업의 흐름이 결국 여기서 끊기기 때문이다.

때문에 문서를 작성할 때 필요한 자료는 미리 갖춰놓고 시작하자. 한창 집중해서 쓰다가 모르는 부분이 나온다면, 나중에 조사해서 내용을 수정하기로 명확히 선을 긋고 하던 일을 그대로 쭉 진행해야 한다.

스마트폰은 그 밖에도 SNS, 게임 등 우리를 유혹하는 즐거운 앱으로 가득하다. 아예 건드리지 않으면 괜찮다고 생각할 수도 있지만, 스마트폰은 알림이나 진동을 보내면서 필사적으로 우리의 관심을 끌려고 애쓴다.

집중이 필요할 때는 스마트폰의 전원을 꺼서 책상 서랍 제일 위 칸에 넣어두자. **일을 마무리할 때까지 격리해두는 편이 좋다.**

요약정리

제1장. 어째서 일 처리가 느릴까?

01. 속도와 정확성 사이의 균형을 조절하자

중요한 일은 '일 잘하는 사람'에게 돌아간다.
업무의 성질에 맞춰 속도와 정확성의 균형을 고려하자.

02. 마감일은 제출일이 아니다

상사가 할 일은 판단해서 결정을 내리는 것이고, 부하가 할 일은 그 판단의 재료를 모으는 것이다. 상사가 확인 후 피드백할 시간까지 고려해서 정해진 마감일보다 빨리 제출하자.

03. 상사의 생각을 앞지르자

경험이 부족한 젊은 직원이라도 '경영자의 관점'을 갖추는 것은 중요하다. 상사의 생각을 '예측하는 능력'을 기르자.

04. 지나친 확신은 문제를 야기한다

자신만의 기준으로 판단해서 다 했다고 확신하는 것은 위험하다.
되도록 빨리 제3자에게 확인을 부탁하자.

05. 피드백은 빨리 받을수록 좋다

혼자 작업하면 아직은 '초안'이다. 피드백을 받아 완성도를 높이자.

06. 자신의 능력을 과대평가하지 말자

자신감은 중요하다. 하지만 '과대평가'는 금물이다.

문제의 싹이 될 만한 요소는 재빨리 잘라 내자.

07. 말 꺼내기 어려운 사안부터 보고하자

자신의 실수를 제 입으로 말하기는 쉽지 않다. 하지만 쓴소리는 잠깐이니 과도한 걱정은 불필요하다. 개인의 실수는 조직의 힘으로 해결할 수 있다.

08. 미룰수록 위험해진다

'긴급성이 낮고 손이 많이 가는 일'에 주의하자.

시간이 지날수록 번거로운 일로 변하니 빨리 손을 대자.

09. 몰입 상태를 이용하자

'극도로 집중한 상태'에서는 지루한 일도 즐기면서 할 수 있다.

'몰입의 다섯 가지 조건'을 충족할 수 있도록 자신만의 방법을 연구하자.

10. 일에서 즐거움을 찾자

눈앞에 놓인 단기 과제에만 매달리지 말고 중장기적인 목표를 설정하자. 즐기면서 일하면 속도는 저절로 빨라진다.

제2장. 일 잘하는 사람의 사고법

11. 의욕은 저절로 생기지 않는다

의욕은 어떤 일을 시작하고 나서야 비로소 솟아난다. 의욕이 없다는 말은 일 못하는 사람의 변명에 불과하다. 일단 시작하라!

12. 시작이 반이다

무엇이든 시작이 번거로운 법이다. 하지만 시작하면 절반은 끝낸 셈이다. 우선 컴퓨터 바탕화면에 '새 폴더'를 만들자.

13. 출발 신호가 울리기 전에 달려 나가라

일 잘하는 사람은 남들보다 먼저 출발한다.
모두의 속도에 맞추지 말고 출발 신호보다 먼저 달려 나가자.

14. 할 일이 쌓였을 때는 바쁜 티를 내자

차분히 집중해서 일하고 싶다면 주위 사람들이 알게끔 티를 내자.

15. 일 처리 속도는 눈치에 달렸다

맡은 일을 마무리 짓는 데만 급급해하지 말고
'어떻게 하면 상대가 기뻐할까'를 고민하자.

16. 실패를 성장의 기회로 삼자
실패를 거듭하다 보면 정확히 예측해가며 일할 수 있다.
실패를 성장의 기회로 여기고 긍정적으로 받아들이자.

17. 사내에서 제일가는 잡무의 달인이 되자
그 누구보다도 잡무를 잘 해내는 사람은 결국 중요한 일을 맡게 된다.

18. 일을 게임화하자
지루하고 단순한 작업은 게임화하자. 어떻게 하면 빠른 시간 내에 효율적으로 처리할 수 있을지, 그것만 생각하자.

19. 돈 아끼지 말고 로봇 청소기를 사자
식기 세척기, 로봇 청소기, 의류 건조기 등, 생활을 편리하게 만드는 가전제품은 적극적으로 사자. 집안일에서 오는 스트레스를 줄이고 중요한 일에 집중하자.

20. 큰일은 작은 일로 분해하라
어디서부터 손대야 할지 모르겠다면,
큰일을 작게 분해해서 하나씩 처리하자.

제3장. 일 잘하는 사람의 시간 절약법

21. 식사 자리 후의 감사 인사는 귓갓길에 전한다

평소 SNS나 스마트폰 메신저로 업무 관련 연락을 주고받던 사이라면 '감사 인사'는 집으로 돌아가는 전철 안에서 보내자.

22. 이메일 답장은 최대한 빨리 보내라

일 잘하는 사람은 대부분 이메일 답장도 빠르다.
일단 '메일 확인했습니다'라는 내용의 답장이라도 먼저 보내놓자.

23. 이메일을 주고받는 횟수를 줄이자

어떻게 하면 이메일 주고받는 횟수를 줄일 수 있을지 고민하라.

24. 일 잘하는 사람은 이메일을 두 줄만 쓴다

이메일을 주고받을 때는 구구절절 미사여구를 늘어놓기보다는 핵심 내용만 분명하게 적자. 상대를 위해서도 그게 좋다.

25. 이메일의 80%는 '복붙'으로 해결하자

적절한 문장이 떠오르지 않는다면 이전에 보냈던 메일이나 인터넷상의 예시문을 찾아 '복붙'하자. 혼자 끙끙 앓는 것은 시간 낭비일 뿐이다.

26. 책이나 자료를 전부 읽을 필요는 없다
책이나 자료는 중요한 부분만 파악하면 된다.

27. 세 가지로 나눠서 생각하라
무엇이든 세 가지로 집약하는 습관을 들이면 생각을 정리하기도 수월해져, 프레젠테이션이나 협상하는 자리에서 자신의 의견을 설득력 있게 전달할 수 있다.

28. 1차 회식에서 총대를 메고 2차는 빠지자
피할 수 없는 회식이라면 차라리 총대를 맡아서 자신의 사정에 맞게 조율하자. 그러면 2차도 쉽게 빠질 수 있다.

29. 때로는 아날로그가 통한다
이메일이 흔한 시대이니만큼 역으로 '자필 편지'를 보내보자.
때에 따라서는 아날로그가 더 효과적이다.

30. 완벽주의는 미덕이 아니다
완벽주의는 자기만족으로 그칠 때도 있다.
상대가 원하는 형태가 무엇인지를 파악하자.

제4장. 일 잘하는 사람의 행동법

31. 나만의 '집중 아이템'을 만들자
집중력 스위치에 불이 들어오게 만드는 아이템을 찾아보자.

32. 상대를 탓하지 말고 적극적으로 움직여라
'상대측의 답장을 기다리느라 아직…'이라는 말은 그저 변명일 뿐이다. 답변을 받기 위해 어떤 노력을 했는가?

33. 일 떠넘기는 상사를 다루는 법
일 떠넘기는 상사가 "마음대로 해봐"라고 해도 그 말을 곧이곧대로 믿어서는 안 된다. 하나하나 집요하게 확인 받아가며 일을 진행하자.

34. 시시콜콜 간섭하는 상사에게 대응하는 법
이상할 정도로 까다로운 '마이크로 매니지먼트형 상사'를 만난다면 상대의 의도를 예측해서 트집 잡히기 전에 움직이자.

35. 자신을 궁지로 몰아넣어라
사소한 생리적 욕구를 참으면 그것이 강력한 보상으로 작용해 집중력이 확 올라간다!

36. 제출 기한은 스스로 정하자
마감일보다 이른 날짜로 제출 기한을 설정하고 상대에게 알리자.
상대는 그 의욕을 높게 살 것이고, 자신에게는 적절한 긴장감을 주게 된다.

37. 상사를 능숙하게 다루어라
상대가 원하는 대로 움직이지 말고 상대가 자신에게 맞추도록 유도하자.
상대의 성향, 상황, 입장을 분석해서 행동 패턴을 파악하는 것이 중요하다.

38. 악마의 접속사, "그런데"
모두 각자 나름의 이유가 있다. 하지만 '그런데'라고 말하는 순간, 그 뒤에 이어지는 말은 모두 변명이 되고 만다.

39. 불타는 욕망을 에너지의 원천으로
'돈을 많이 벌고 싶다'거나 '인기인이 되고 싶다'와 같은 욕망은 강력한 에너지원이 된다. 자신에게 솔직해지자.

40. 집중력은 단련할 수 있다
집중력 향상에 도움이 되는 웹 사이트, 스마트폰 앱 등을
적극적으로 활용하자.

제5장. 일 잘하는 사람의 생활 습관

41. 머리가 가장 맑은 시간이 언제인지 알아두자

가장 머리가 맑고 컨디션이 좋은 시간이 언제인지 파악해두자.

42. 일하기에 가장 좋은 황금시간, 아침

아무도 없는 사무실, 이른 아침의 카페는 집중하기에 좋다.

43. 점심을 같이 먹는 무리에서 빠져나오자

사내 커뮤니케이션도 중요하지만, 식사를 매일 함께할 필요는 없다. 바쁠 때는 딱 잘라 거절하자.

44. 일하다 막히면 몸을 움직여라

일하다 막히면 걷기, 달리기, 체조 등 가볍게라도 몸을 움직이자. 운동의 효과는 생각보다 크다.

45. 어중간한 부분에서 마무리하자

내일 할 일을 조금 남겨두고 퇴근하자. 다음 날 큰 부담 없이 바로 일을 시작할 수 있다.

46. 자야 할 시간까지 버티면서 일하지 말자
아무리 바빠도 수면 시간만큼은 확보하자.

47. 책상 위가 어수선할수록 실수가 잦다
책상이 너저분한 사람은 자잘한 실수도 많이 한다. 자료를 찾을 때 시간을 허비하지 않도록 책상의 기능적 측면을 고려해서 정리하자.

48. 일 처리가 빠른 캐릭터를 연기하자
주변 사람에게 '일 처리가 빠른 사람'이라는 이미지를 심어주자. 직장용 캐릭터를 확립하면 수월하게 일할 수 있다.

49. 습관적인 야근 무리에서 벗어나자
'습관적 야근러'에 휩쓸릴 필요는 없다. 근무시간 동안 집중해서 일하고 정시에 퇴근하자.

50. 집중을 방해하는 최대의 적, 스마트폰
스마트폰의 유혹은 강렬해서 벗어나기 어렵다. 집중이 필요할 때는 스마트폰의 전원을 끄고 눈에 띄지 않는 곳에 넣어두자.

마치는 글

먼저 끝까지 읽어준 독자 여러분께 감사의 마음을 전한다.

이제 "일을 잘하는군!"이라는 말을 들을 자신이 생겼는가? 이 책에서 소개한 50가지를 다 하지는 않아도 괜찮다. 뭐라도 하나 실천하는 것이 중요하니 속는 셈 치고 시도해보면 좋겠다.

'시작하는 글'에서 적었듯이, "일을 빠르고 정확하게 잘한다"는 말에는 놀람, 감동 같은 긍정적 감정이 담겨 있다. 이 말은 말하는 사람과 듣는 사람 모두를 기쁘게 한다. 대부분의 일은 혼자서는 해낼 수 없다. 본문 중에 '일 처리 속도는 얼마나 눈치가 빠르냐에 달렸다'는 이야기를 했다. 이 책에서 소개한 50가지 요령의 바탕에는 '어떻게 하면 상대가 기뻐할까'라는 마음이 깔려 있다.

'자신에게 주어진 일만 해내면 된다'는 마음을 가져서는 결코 원하는 결과를 얻어낼 수 없다. 일을 잘한다는 말에 담긴 긍정적 에너지는 원활한 소통을 가능하게 만들고 나아가 더 의미 있는 일을 맡을 수 있게 이끌어준다. 사내에서 중요한 일을 맡고 싶다면 우선 일 잘한다는 말부터 듣자.

우리는 인생의 3분의 1을 일하며 산다. 그런 긴 시간을 마감에 쫓기거나 야근에 시달리거나 "일 처리가 왜 이리 느려!"라는 질책을 받으며 살고 싶지는 않을 것이다. 빠릿빠릿하게 일을 마무리하고 나서, 자기 계발을 하든 휴식을 취하든 자신에게 주어진 시간을 조금 더 의미 있게 보내기 바란다.

저자로서 이 책이 독자 여러분의 고민을 해결하고 매일 충실한 하루를 보내는 데 조금이나마 도움이 된다면 더없이 기쁘겠다.

나도 일 잘할 수 있다
유능한 직장인의 50가지 성공 습관

1쇄 2020년 6월 30일
2쇄 2024년 3월 22일

지은이 | 기토 마사토
옮긴이 | 조해선
펴낸이 | 홍순제
펴낸곳 | 주식회사 성신미디어
주　소 | 서울시 영등포구 양평로28가길(양평동 6가 9-1)
전　화 | 02-2671-6796　　　팩 스 | 031-943-6795
등　록 | 제 2016-00025호　　ISBN | 979-11-90917-00-1 03320

기획 및 사업 총괄 | **홍현표**
편집 | **임채경**　　디자인 | **문현택**
삽화 | **정민영**(myjoung@gmail.com)

이 책에 대한 의견이나 오탈자 및 잘못된 내용의 수정 요청은 아래 이메일로 알려주십시오.
잘못 만들어진 책은 구입하신 곳에서 교환해 드립니다.

이메일 book@sungshinmedia.com
홈페이지 www.sungshinmedia.com
출판사 인스타그램 @libretto_books

* 리브레토(Libretto)는 (주)성신미디어의 출판 브랜드입니다.
* 잘못 만들어진 책은 구입하신 곳에서 교환해 드립니다.
* 이 책에 대한 의견이나 오탈자 및 잘못된 내용의 수정 요청은 이메일로 알려주십시오.

Published by SUNGSHINMEDIA Inc. Printed in Korea
저작권법에 의해 보호를 받는 저작물이므로 무단 전재와 복사를 금합니다.

리브레토(Libretto)는,
삶의 무대에서 경험을 공유하는 분들의
이야기와 지식을 책으로 담아내는
(주)성신미디어의 출판 브랜드입니다.

여러분의 다양한 이야기를 들려주세요,
원고 투고: book@sungshinmedia.com